Rolf Merkle

Optimismus kann man lernen

Wie man das Beste aus seinem Leben macht

pal

Die Deutsche Bibliothek - CIP-Einheitsaufnahme

Merkle, Rolf:
Optimismus kann man lernen! : wie man das Beste aus seinem Leben macht / Rolf Merkle. - Mannheim : PAL, 1991
ISBN 3-923614-50-0

Herstellung: C. Bockfeld, Neustadt
Umschlag: Stefanie Blockus

Inhalt

Einleitung

Optimisten stehen bei uns nicht hoch im Kurs. Irgendwie sind diese Menschen, die auch dann mit dem guten Ausgang einer Sache rechnen, wenn alles dagegen zu sprechen scheint, und die in Situationen, in denen andere verzweifeln oder aufgeben, sich erst recht angestachelt fühlen, sehr verdächtig. In solchen Momenten ernten Optimisten oft ein Kopfschütteln und sie müssen sich vorwerfen lassen, sie seien naiv, blauäugig oder hätten eine Brille mit rosa Gläsern auf.

Die Gegner der Optimisten, meist sind es eingefleischte Pessimisten, behaupten von sich mit einem Brustton der Überzeugung, sie seien die einzig realistisch eingestellten Menschen. Sie würden die Dinge so sehen, wie sie tatsächlich sind, und jeder, der auch nur einen Funken Verstand habe und mit beiden Beinen auf dem Boden der Tatsachen stehe, würde das auch so sehen.

Und wie es scheint, liegen die Pessimisten noch nicht einmal so falsch. Ihre negativen Prophezeiungen, soweit sie sich auf ihr eigenes Leben beziehen, erweisen sich tatsächlich sehr oft als richtig. Sie sind nicht selten wahre Pechvögel und sitzen im Leben oft in der zweiten Reihe. Sie ziehen das Schlechte mit schöner Regelmäßigkeit genauso an wie ein Misthaufen die Fliegen. Durch ihre schlechten Erfahrungen werden sie immer wieder von neuem in ihrer pessimistischen Haltung bestärkt. Ihr Leben ist nicht selten von Mißerfolgen, Krankheiten oder Depressionen geprägt.

Haben Pessimisten also vielleicht doch recht, wenn sie schwarz sehen? Sind sie vielleicht doch die wahren Propheten? Sollten wir ihren Worten vielleicht doch mehr Gehör schenken und sie ernst nehmen?

Man sollte es fast meinen, wenn nicht auch die Optimisten sehr oft recht behielten. Auch sie erweisen sich als sehr gute Propheten, da sich die Dinge, deren Ausgang sie positiv beurteilen, sehr oft auch positiv entwickeln. Sie sitzen häufig in der ersten Reihe des Lebens und andere

halten sie für Glückspilze. Sie sind beruflich erfolgreich, sind guter Dinge und erfreuen sich guter Gesundheit.

Wenn aber Pessimisten und Optimisten gleichermaßen recht behalten, was soll man davon halten? Kann das überhaupt mit rechten Dingen zugehen? Die Antwort darauf ist: Ja, es kann. Des Rätsels Lösung ist:

Was man vorhersieht oder erwartet,
womit man sich in Gedanken permanent beschäftigt,
neigt dazu, Wirklichkeit zu werden.

Wer sich stets bei allem, was er anpackt, einredet, daß es schiefgehen wird, der erweist sich sehr oft ebenso als Prophet wie derjenige, der sich einredet, die Angelegenheit werde schon gut ausgehen. Dem Pessimisten wie auch dem Optimisten widerfährt, was er vorhersieht. In der Psychologie nennt man dieses Phänomen "selbsterfüllende Prophezeiung". Wie sie funktioniert und wie wir uns diese psychologische Gesetzmäßigkeit zu unserem Wohl und unserem Vorteil zunutze machen können, darüber werden wir noch sprechen.

Ich werde Ihnen die 2 herausragenden Eigenschaften vorstellen, durch die sich Optimisten von Pessimisten unterscheiden, und Ihnen anhand vieler Beispiele zeigen, wie auch Sie Mitglied im Klub der Optimisten werden können, und welche Vorteile das für Sie hat. Die Mitgliedschaft ist auf vollkommen freiwilliger Basis. Sie verpflichtet zu nichts und sie kostet nichts. Sie können jederzeit austreten und wieder dem Klub der Pessimisten beitreten. Sie haben also nichts zu verlieren - aber ich versichere Ihnen, Sie haben viel zu gewinnen.

Wer nicht seine Fähigkeiten nutzt,
das Beste aus seinem Leben zu machen,
hat nicht das Recht, sich zu beklagen,
wenn er leer ausgeht.

Möchten Sie mehr vom Leben haben? Wollen Sie mehr Glück und Lebensfreude in Ihrem Leben erfahren? Möchten Sie mehr Erfolge als Mißerfolge ernten? Ja? Dann lassen Sie uns beginnen. Ich wünsche Ihnen alles Liebe und hoffe, Sie recht bald als neues Mitglied in unserem Klub der Optimisten begrüßen zu dürfen. Ich und die anderen Optimisten warten auf Sie. Bis bald also.

Ihr
Rolf Merkle

- 1 -
Von Vorteilen, die Optimisten haben, und Vorurteilen, denen sie ausgesetzt sind

Optimismus ist wie Pessimismus in erster Linie eine Geisteshaltung. Beide, der Optimist und der Pessimist, unterscheiden sich vor allem in der Art und Weise, wie sie sich, die Welt und die Dinge, die sie umgeben, ansehen, worauf sie ihr Augenmerk richten.

So sehen Pessimisten beim Anblick eines Schweizer Käses nur die Löcher, während Optimisten sich auf den Genuß desselbigen freuen. Pessimisten haben immer ein halbleeres Glas, Optimisten immer ein halbvolles. Pessimisten denken bei strahlendem Sonnenschein an das schlechte Wetter, das bestimmt bald aufkommen wird, während sich Optimisten an den wärmenden Sonnenstrahlen erfreuen. Pessimisten sehen eine Rose und ärgern sich über die Dornen, Optimisten sehen nur die Schönheit der Rose.

In gewisser Hinsicht haben beide recht. Ein Schweizer Käse hat Löcher, es ist eben Ansichtssache, ob das Glas halb leer oder halb voll ist, eine Rose besteht nicht nur aus der Blüte, sie hat auch Dornen. Beide haben recht und doch unterscheiden sie sich in einem ganz wichtigen Punkt: Der Pessimist fühlt sich schlecht, der Optimist fühlt sich gut.

Optimisten und Pessimisten richten bei ein und derselben Sache ihr Augenmerk also auf völlig unterschiedliche Dinge. Beide können ein und dasselbe erleben und doch völlig verschieden darauf reagieren. Warum ist das so? Woher kommt es, daß zwei Menschen, die dasselbe sehen und erleben, völlig verschieden reagieren? Die Antwort lautet: Beide haben aufgrund von Erfahrungen, die bis in die Kindheit zurückreichen, gelernt, das, was sie erleben, eher positiv oder negativ zu bewerten.

Je nach den Schlußfolgerungen, die sie aus ihren Erfahrungen gezogen haben, denken, fühlen und handeln sie verschieden. Der Pessimist hat eine eher negative oder pessimistische Weltsicht, der Optimist eher eine positive oder optimistische. Jeder hat in seiner eher

pessimistischen oder optimistischen Denkweise eine Gewohnheit entwickelt, die Gewohnheit eher negativ oder positiv zu denken und dementsprechend eher positiv oder negativ zu reagieren. Da wir Menschen also nicht als Pessimisten auf die Welt gekommen sind, da wir vielmehr lernen, eher pessimistisch eingestellt zu sein, können wir auch lernen, optimistischer zu werden. Wir können lernen, unsere pessimistische Sichtweise durch eine eher positive oder optimistische zu ersetzen. Deshalb sage ich:

Optimismus kann man lernen

Wenn Sie zu den eingefleischten Pessimisten gehören und Sie es leid sind, sich in vielen Situationen hilflos und deprimiert zu fühlen, wenn Sie immer nur das Negative anziehen und mehr aus Ihrem Leben machen möchten, dann können Sie lernen, in das Lager der Optimisten überzuwechseln.

Sie haben die Fähigkeit,
mit mehr Optimismus durchs Leben zu gehen.

Alles, was Sie dafür brauchen, ist viel Geduld und Übung. Geduld und Übung deshalb, weil Ihre Angewohnheit, pessimistisch eingestellt zu sein, sehr hartnäckig ist und Sie ganz gezielt und bewußt trainieren müssen, wenn Sie sich als Pessimist eine optimistische Sicht zulegen möchten.

Aus meiner eigenen Erfahrung und der vieler meiner Patienten weiß ich jedoch, daß jeder Mensch die Fähigkeit hat, sich die Denk- und Handlungsweisen von Optimisten anzueignen.

Sind Sie zu diesem lebensverändernden Schritt bereit? Habe ich Sie gerade "Ja" sagen hören? Wunderbar. Dann haben Sie sich bereits auf den Weg in eine neue und bessere Zukunft gemacht. Es warten viele

Wunder und viel Schönes auf Sie. Sie glauben mir nicht? Dann werfen wir doch einmal einen kleinen Blick darauf, welche Vorteile es hat, Mitglied im Klub der Optimisten zu sein. Sind Sie bereit, den Tatsachen ins Auge zu sehen? Dann schauen wir uns einmal an, was Ihnen bisher alles entgangen ist.

Vorteile, die Sie als Optimist haben

Wenn Sie optimistisch denken, dann wirkt sich das auf *alle* Bereiche Ihres Lebens aus: auf Ihre Gesundheit, auf Ihr seelisches Wohlbefinden, auf Ihre geistigen Fähigkeiten und auf Ihre Wahrnehmung, auf Ihre beruflichen und finanziellen Erfolge und auf Ihre zwischenmenschlichen Beziehungen. Sind Sie bereit, all den Vorteilen ins Auge zu sehen, die Ihnen bisher dadurch entgangen sind, daß Sie ein pessimistisch eingestellter Mensch waren? Dann lesen Sie weiter.

Seelisches Befinden

Das seelische Befinden von optimistischen Menschen ist überwiegend gut. Bewußt oder unbewußt wissen sie, daß sie sich fühlen, wie sie denken, und daß sie darüber bestimmen, wie sie denken. Da sie vielem etwas Positives abgewinnen, kommen sie selten in die Lage, daß ihre Stimmung für lange Zeit in den Keller geht. Gewiß: Auch sie fühlen sich manchmal unwohl, sind bedrückt oder niedergeschlagen. Doch dieses Unwohlsein hält nicht sehr lange an. Sie tun etwas dafür, daß es ihnen rasch wieder besser geht. Sie betrachten Niederlagen oder Mißerfolge als etwas Vorübergehendes, als einen kurzfristigen Rückschlag und fühlen sich durch ihn erst recht angestachelt, ihr Ziel zu erreichen.

Geistige Fähigkeiten

Die positive Grundstimmung von Optimisten bewirkt, daß ihre Sinnesorgane besser funktionieren. So hat man festgestellt, daß positiv eingestellte und damit ausgeglichene Menschen eine

bessere Merkfähigkeit haben, kreativer und ideenreicher sind, besser sehen und hören.

Körperliches Befinden

Optimisten erfreuen sich in der Regel sehr guter körperlicher Gesundheit, da das seelische und körperliche Wohlbefinden eng miteinander verknüpft sind. Ein positives Lebensgefühl wirkt auf unsere inneren Organe wie ein Lebenselixier. Optimisten bleiben länger jung und gesund. Sie sind der Überzeugung, daß sie ihr Wohlbefinden selbst in der Hand haben, und das macht sie stark. Zahlreiche Untersuchungen belegen, daß unsere Abwehrkräfte durch eine hoffnungsvolle und optimistische Einstellung gestärkt werden. Wenn wir uns in seelischer Harmonie befinden, dann befindet sich auch unser Körper in Harmonie, und das ist der beste Schutz gegen Krankheiten. Untersuchungen zeigen: Menschen mit einer optimistischen Lebenseinstellung sind gesünder als pessimistisch eingestellte Menschen. Wenn Optimisten doch einmal krank werden, dann richten sie ihre ganze Energie auf das Gesundwerden, indem sie durch positive Vorstellungen und Selbstgespräche ihre inneren Selbstheilungskräfte mobilisieren. Krankheiten sind für sie ein Warnsignal, daß sie in einem Bereich ihres Lebens krankmachende Denk- und Verhaltensgewohnheiten haben, die es noch zu verbessern gilt.

Berufliche und finanzielle Vorteile

Beruflich und finanziell sind Optimisten meist sehr erfolgreich. Da, wo andere nämlich Probleme sehen, sehen sie eine Chance. Sie betrachten Probleme nicht als ein lästiges Übel, sondern als Herausforderung, trotzdem ans Ziel zu gelangen. Aufgrund ihrer optimistischen Einstellung - auch gegenüber sich und ihren Fähigkeiten - trauen sie sich vieles zu, glauben an sich und ihren Erfolg und können so ihre Fähigkeiten voll entfalten. Sie sind „Ich-kann-Denker" und gehen erst einmal unvoreingenommen an eine Sache heran und rechnen, bis sie sich gründlich vom Gegenteil überzeugt haben, damit, daß sie Erfolg haben. Sie lassen

sich nicht so leicht von Fehlschlägen und Mißerfolgen beeinflussen. Mißerfolge betrachten sie also als wertvolle Erfahrungen, die sie ihrem Ziel ein Stück näher bringen. Sie gehen selten auf ausgetretenen Pfaden, sondern suchen neue Wege, die vor ihnen noch niemand gegangen ist. Da sie sich überwiegend gut fühlen, gehen ihnen selbst unangenehme Aufgaben leicht von der Hand. Berufssportler sind zu höheren sportlichen Leistungen fähig, wenn sie bezüglich ihres Abschneidens optimistisch sind.

Zwischenmenschliche Beziehungen

Optimistische Menschen betrachten ihre Mitmenschen nicht als Feinde. Solange sie von einem Menschen nicht enttäuscht wurden, unterstellen sie ihm erst einmal, daß er ein liebenswerter Mensch ist. Und wenn sie von einem Menschen enttäuscht werden, lassen sie sich dadurch nicht beirren, trotzdem an ihrer positiven Grundeinstellung gegenüber ihren Mitmenschen festzuhalten. Überhaupt machen optimistische Menschen selten schlechte Erfahrungen mit anderen Menschen, da sie durch ihre freundliche und offene Art gleichgesinnte Menschen anziehen und sie sich in der Regel von pessimistisch eingestellten Menschen fernhalten.

Nun, was meinen Sie. Lohnt es sich, angesichts dieser Aussichten Optimist zu werden? Natürlich werden Sie als neues Mitglied in diesem Klub nicht von Anfang an in den Genuß all dieser Vorteile kommen. Je länger Sie jedoch dabei sind, je mehr Sie sich angewöhnen, wie ein Optimist zu denken und zu handeln, umso mehr werden Sie auch in den Genuß dieser positiven Lebensart kommen.

Schauen wir uns einmal die Nachteile an, die Sie aufgeben, wenn Sie aus dem Klub der Pessimisten austreten.

Optimismus ist der Start in ein neues Lebensgefühl

Seelisches Wohlbefinden

Das seelische Wohlbefinden von pessimistischen Menschen ist überwiegend schlecht. Da sie stets mit dem Schlimmsten rechnen und immer ein Haar in der Suppe finden, sind ihre Gefühle meist im Keller. Sie fühlen sich häufig niedergeschlagen bis hin zu depressiv und leiden unter Ängsten. Sie fühlen sich anderen Menschen und den Umständen hilflos ausgeliefert, weil sie glauben, keinen Einfluß auf ihre Gefühle und ihr Leben zu haben.

Körperliches Befinden

Da das seelische und körperliche Befinden eng miteinander verknüpft sind, ist die körperliche Verfassung von Pessimisten eher schlecht. Sie sind häufig krank und befinden sich ingesamt in schlechter körperlicher Verfassung, da sie durch ihre negative Denkweise ihre Abwehrkräfte schwächen und so für Krankheiten anfällig sind. Untersuchungen zeigen, daß Hoffnungslosigkeit das Immunsystem schwächt und daß Pessimisten doppelt so häufig unter Infektionskrankheiten leiden wie Optimisten.

Berufliche und finanzielle Nachteile

Beruflich und finanziell sind Pessimisten meist nicht sehr erfolgreich. Da sie überall Probleme wittern und selbst bei günstigen Bedingungen mit einem schlechten Ausgang rechnen, lassen sie nicht nur viele Chancen ungenutzt vorbeiziehen, sie ziehen das Unglück gleichsam an. Sie haben viel weniger Chancen als Optimisten, wenn sie sich um eine Stelle bewerben. Als Mitarbeiter sind sie wenig beliebt, da sie sehr destruktiv sind und wenig Eigeninitiative entwickeln. Da sie sich selbst wenig zutrauen und kein Vertrauen in ihre Fähigkeiten haben, drücken sie sich vor Verantwortung und bleiben eher passiv. Auch wenn sie sehr begabt und fähig sind, können sie aufgrund ihrer pessimistischen Denkweise ihre Fähigkeiten nicht entfalten und

scheitern deshalb häufig. Sie lassen sich von Fehlschlägen und Mißerfolgen sehr schnell entmutigen und werfen die Flinte ins Korn.

Geistige Fähigkeiten

Pessimistische Menschen können sich schlecht auf eine Aufgabe konzentrieren, da sie viel zu sehr damit beschäftigt sind, sich auszumalen, was alles schiefgehen kann. Sie haben Probleme, sich etwas zu merken, und sind wenig kreativ.

Zwischenmenschliche Beziehungen

Da sich pessimistische Menschen eher hilflos und anderen Menschen ausgeliefert fühlen, betrachten sie ihre Mitmenschen als Feinde. Sie sind mißtrauisch und immer darauf gefaßt, daß andere sie hereinlegen oder hintergehen wollen. Oder aber sie haben Angst vor anderen Menschen, weil sie sich nicht getrauen, sich durchzusetzen oder "nein" zu sagen. In Gegenwart anderer malen sie den Teufel an die Wand oder sprechen über ihr eigenes Unglück oder das der anderen. Sie beklagen sich bei anderen über die Ungerechtigkeit der Welt und sind verbittert, daß es das Schicksal so schlecht mit ihnen meint. Dadurch sind sie bei anderen wenig beliebt.

Haben Sie sich bei der Beschreibung der Pessimisten wiedergefunden? Machen Sie ähnliche Erfahrungen? Wenn ja, würden Sie nicht lieber heute als morgen in das Lager der Optimisten überwechseln? Ich glaube schon.

Möglicherweise haben Sie jedoch noch einige ernsthafte Vorbehalte. Sie haben vielleicht, wie viele Menschen, handfeste Vorurteile gegenüber dieser Geisteshaltung, Vorurteile, die Sie daran hindern könnten, Ihre pessimistische Sichtweise zugunsten einer optimistischen aufzugeben. Schauen wir uns deshalb die am häufigsten anzutreffenden Vorurteile etwas genauer an und schauen nach, ob sie eine Berechtigung haben.

Vorurteile gegenüber Optimisten

Sehr weit verbreitete Vorurteile gegenüber Menschen, die optimistisch eingestellt sind, lauten:

Optimisten
- tragen eine rosa Brille,
- sind unrealistisch,
- sind oberflächlich,
- machen sich etwas vor,
- verkennen die Tatsachen,
- belügen sich selbst,
- verdrängen Probleme,
- wollen eine heile Welt und sehen die wahren Probleme nicht,
- handeln nach dem Motto: Don´t worry, be happy,
- flüchten vor der Realität in eine Traumwelt,
- stecken den Kopf in den Sand,
- drücken sich vor der Verantwortung,
- gebrauchen einen Psycho-Trick,
- sind Fantasten,
- sind unverbesserliche Weltverbesserer,
- sind naiv,
- haben ein kindliches Gemüt,
- benutzen das Positive Denken, um ihre Unfähigkeit, die Realität zu akzeptieren, zu vertuschen,
- halten solange an ihren Selbsttäuschungen fest, bis die Realität ihren Selbsttäuschungen entspricht.

Wenn Sie nun damit rechnen, daß ich alle diese Vorurteile in der Luft zerreiße und sie widerlege, dann haben Sie sich mächtig geirrt. Einige dieser Behauptungen beinhalten nämlich tatsächlich ein Körnchen Wahrheit.

Ja, es ist richtig, daß Optimisten ihre Lage oder ihre Chancen sehr oft rosig sehen, daß Sie sich etwas (Positives) vormachen bzw. sich das Positive rauspicken und das Negative, das auch vorhanden ist, unter den Tisch fallen lassen, daß sie sich also selbst belügen, indem

sie die andere Seite der Medaille nicht beachten. Ja, es ist richtig, daß Optimisten Probleme verdrängen bzw. kaum einen Gedanken an sie verschwenden - solange sie noch nicht akut sind. Und es ist richtig, daß sie sich in manchen Dingen etwas vormachen, daß sie also ihre Möglichkeiten überschätzen.

Wie steht es aber mit den Pessimisten? Stimmt es, daß diese, wie sie es häufig von sich behaupten, die wahren Realisten sind. Stimmt es, daß sie die Dinge so sehen, wie sie sind, und daß sie sich den Tatsachen stellen, statt vor ihnen die Augen zu verschließen? Die Antwort ist: Ja und nein. Ja, insofern, als sie eher die Löcher im Käse oder die Dornen der Rose sehen, die ja Realität sind. Ja, insofern, als sie sich mehr als Optimisten auf das konzentrieren, was schiefgeht oder negativ ist. Nein, insofern, als auch sie sich etwas vormachen, indem sie ihre Lage in der Regel negativ oder hoffnungslos sehen, indem sie sich einreden, sie seien hilflos - obwohl dem oft nicht so ist.

Fragen zum Nachdenken und Nachdenklich-Machen

Ist ein Mensch, der an Krebs erkrankt ist, zu optimistisch, wenn er an seine Heilung glaubt, und ist ein Pessimist in dieser Situation tatsächlich der Realist, wenn er glaubt, keine Überlebenschance zu haben? Ist ein gelähmter Mensch, der nach Lourdes fährt, zu optimistisch, wenn er glaubt, wieder gehen zu können? Ist ein AIDS-Forscher zu optimistisch, wenn er glaubt, ein Mittel gegen AIDS finden zu können? Ist ein Erfinder zu optimistisch, wenn er glaubt, mit Hilfe der Sonnenenergie oder einer anderen alternativen Energie die Atomenergie ersetzen zu können? Ist ein Sportler zu optimistisch, wenn er glaubt, einen neuen Weltrekord aufstellen zu können? Ist ein Mensch zu optimistisch, wenn er glaubt, ein versunkenes Schiff mit wertvollen Schätzen finden zu können? Sind Menschen blauäugig und naiv, wenn sie an den Frieden glauben?

Diese Fragen lassen sich heute weder mit "ja" noch "nein" beantworten. Die Zukunft, die Geschichte werden zeigen, ob beispielsweise der Optimismus der AIDS-Forscher berechtigt oder falsch war, ob ein

Hochspringer einen neuen Weltrekord aufstellen wird, usw.

Andererseits ist die Geschichte voll von Menschen, die positive Visionen hatten und diese durch ihren unerschütterlichen Optimismus Wirklichkeit werden ließen. So etwa die Gebrüder Wright, die glaubten, sich mit einem "Flugzeug" wie ein Vogel in die Lüfte erheben zu können. Graham Bell, der glaubte, Menschen könnten sich am "Telefon" über hunderte von Kilometern miteinander unterhalten. Die Weltraumwissenschaftler, die glaubten, auf den Mond fliegen zu können. Die unzähligen Menschen, die daran glaubten, selbst schwerste Krankheiten überwinden zu können, und es tatsächlich auch schafften - obwohl ihnen die Ärzte keine Chancen gaben.

Die Geschichte ist voller Menschen wie die Brüder Wright und Bell, die Dinge vollbracht haben, vor denen andere staunend und kopfschüttelnd standen. Diese sind der Beweis dafür, daß Menschen, die eine positive Vision oder einen Traum haben, die Fähigkeit besitzen, das "Unmögliche" möglich zu machen. Von Pessimisten kann man das nicht behaupten. Hätten Bell und andere auf die Pessimisten, Zweifler und Spötter gehört, dann hätten sie sicherlich nicht ihr Ziel erreicht.

Hat es Vorteile, pessimistisch zu sein?

Wenn man Pessimisten frägt, weshalb sie an ihrer negativen Denkweise festhalten, dann sagen diese oft: „Wenn man nichts (Positives) erwartet, dann kann man auch nicht enttäuscht werden" oder „Wenn man mit dem Schlimmsten rechnet, dann erlebt man keine bösen Überraschungen und ist vorbereitet".

Auf den ersten Blick scheinen diese Äußerungen recht vernünftig zu sein und etwas für sich zu haben. Wenn man sich alle möglichen Katastrophen, Niederlagen und Fehlschläge ausmalt, die auf einen zukommen könnten, dann ist man in der Tat nicht mehr überrascht, wenn sie tatsächlich eintreten. Aber welch einen Preis muß man dafür bezahlen? Je nach Phantasie und Vorstellungskraft kann die geistige Vorwegnahme einer Katastrophe auf uns und unser Befinden genau die gleichen negativen Auswirkungen haben, als wäre sie tatsächlich eingetreten. Man versetzt sich in Angst oder gar Panik, man ist angespannt

und nervös und man verspürt körperliche Symptome. Und natürlich ist man nicht gerade motiviert, etwas zu tun, wenn man sich vorstellt, daß die Sache schiefgeht oder man sich blamiert.

Und wie steht es mit der Einstellung, daß man nicht enttäuscht werden kann, wenn man nichts Positives erwartet. Nun, auch für diese Einstellung scheint einiges zu sprechen. Man kann sich in der Tat Enttäuschungen ersparen, wenn man mit einem gedämpften Optimismus oder gar Pessimismus an eine Sache herangeht. Ich muß Ihnen jedoch sagen, daß ich deshalb um keinen Preis der Welt lieber ein Pessimist wäre. Ich möchte nicht die Begeisterung, den Schwung und die Energie missen, die ich in mir durch meine optimistische Sichtweise immer wieder erzeuge. Gewiß, mein Optimismus wird gelegentlich gedämpft, auch ich muß manchmal feststellen, daß ich zu optimistisch war und die Meßlatte zu hoch gelegt habe. Ich erlebe Enttäuschungen und muß mich mit weniger zufrieden geben, als ich erwartet habe. Solche Momente sind für mich jedoch kein Beweis dafür, daß ich meinen Optimismus zügeln sollte. Ich weiß, daß mir nicht alles gelingen kann, was ich mir vornehme, und daß Enttäuschungen ein unumgänglicher Bestandteil des Lebens sind. Ich nehme sie hin und arrangiere mich mit ihnen.

Die Stunden und Tage, an denen ich mich durch meinen Optimismus energiegeladen und guter Dinge fühle, entschädigen mich um ein Vielfaches für die - wie ich sie empfinde - kleinen Enttäuschungen, die ich immer mal wieder erlebe. Ganz abgesehen davon erleben auch Menschen, die nichts Positives erwarten, ihre Enttäuschungen - nur eben in kleinen Dosen. Dadurch, daß sie sich selbst bei allem, was sie anpacken, im vorhinein entmutigen, bereiten sie sich Tag für Tag kleine Enttäuschungen, so daß schließlich ihr ganzes Leben eine einzige Enttäuschung ist.

Ich persönlich sehe also weder einen Vorteil darin, mögliche Niederlagen und Mißerfolge vorwegzunehmen, noch sehe ich einen Sinn darin, nur wegen Enttäuschungen, die ein unumgänglicher Bestandteil des Lebens sind, mit halber Kraft zu fahren.

Wollen Optimisten die Realität nicht sehen?

Optimisten sind keine völlig weltfremden Wesen von einem anderen

Stern, die sich mittels einer geistigen Psychopille einlullen und sich dadurch den Blick für die Realität vernebeln. Sie wissen, daß sie physikalische Gesetzmäßigkeiten, wie etwa die Schwerkraft, nicht durch eine optimistische Einstellung außer Kraft setzen können. Sie interpretieren die Tatsachen lediglich anders als die Pessimisten bzw. rechnen, solange sie nicht vom Gegenteil überzeugt wurden, erst einmal damit, daß sich alles so entwickeln wird, wie sie es sich wünschen.

Optimisten sehen auch die Umwelt- und Verkehrsprobleme, die Not und das Elend anderer. Statt jedoch wie die Pessimisten den Weltuntergang zu prophezeien, glauben sie daran, daß eine Lösung dafür gefunden werden kann, *und* setzen sich dafür ein, daß sich etwas ändert. Sie gehören nicht zu den Fatalisten und Unheilverkündern, sondern konzentrieren ihre Gedanken und Energien auf die Lösungen von Problemen.

Dadurch, daß sie daran glauben, etwas bewirken zu können, durch ihren beinahe unerschütterlichen Optimismus, den Pessimisten für Naivität halten, kämpfen sie für die Erreichung ihrer Ziele und lassen sich auch durch Mißerfolge nicht entmutigen - mit dem Ergebnis, daß ihre Visionen sehr häufig Wirklichkeit werden.

Optimisten haben positive Visionen. Sie "wissen", daß man nur erreichen kann, wovon man überzeugt ist und woran man glaubt. Gewiß, nicht alles, was sie sich in ihren kühnen Träumen vorstellen, gelingt ihnen. Auch sie erleiden Rückschläge und Niederlagen. Auch sie stehen oft vor Problemen und fühlen sich im ersten Moment rat- und hilflos. Durch ihren möglicherweise übertriebenen Optimismus lassen sie sich dadurch jedoch nicht entmutigen, sondern fühlen sich geradezu angestachelt, doch noch zu einem positiven Abschluß zu kommen.

Ja, es ist richtig und sogar wissenschaftlich erwiesen, daß Optimisten dazu neigen, sich bezüglich ihrer Fähigkeiten und Möglichkeiten zu überschätzen. Doch gerade diese Selbstüberschätzung ist es, die ihnen die nötige Energie gibt, trotz aller Widrigkeiten, bei denen Pessimisten schon lange das Handtuch geworfen haben, weiterzumachen. Durch ihre Selbstüberschätzung, oder wenn man es positiver ausdrückt, durch ihren unerschütterlichen Optimismus, lassen sie nichts unversucht und machen so durch ihre Hartnäckigkeit oftmals das

Nur wer sich Illusionen macht, wer sich selbst täuscht,
wer es wagt, zu träumen, hat eine Chance,
das Menschenmögliche zu vollbringen.

Kann man zu optimistisch sein und kann das negative Folgen haben?

Eine berechtigte Frage, die Ihnen nun in den Sinn kommen mag, ist: Wie soll man wissen, ob man nicht zu optimistisch ist bzw. wie kann man wissen, ob der Glaube an eine Sache berechtigt ist oder nicht?

Ich habe darauf keine Antwort. In vielen Situationen ist es überhaupt nicht möglich, objektiv zu entscheiden, ob eine Hoffnung realistisch, d.h. berechtigt ist oder nicht. Oftmals kann man nur nach der Devise handeln: Probieren geht über Studieren. Wenn ich jedoch mit dem Elan und der Begeisterung eines Optimisten etwas probiere, dann stehen die Chancen sehr viel besser, daß ich ans Ziel gelange, als wenn ich es als Pessimist halbherzig und mit der vermeintlichen Gewißheit, zu versagen, probiere.

Optimisten gehen immer das Risiko ein, daß sich ihre Visionen nicht erfüllen. Deshalb lassen sie sich jedoch nicht davon abhalten, an ihren Erfolg zu glauben - auch wenn sie auf dem Weg zu ihrem Ziel Mißerfolge einstecken müssen und alle Welt ihnen prophezeit, daß es schlichtweg unmöglich ist, was sie versuchen.

Optimisten finden es nicht tragisch, wenn sich herausstellt, daß sie sich oder ihre Fähigkeiten und Möglichkeiten überschätzt haben. Und in der Tat: was ist dabei, wenn ich glaube, einer Aufgabe gewachsen zu sein, und es sich herausstellt, daß dem nicht so ist. Für einen Optimisten ist das nicht tragisch, da er sich hierfür nicht die Schuld gibt. Er zweifelt deshalb nicht an sich und stellt seine Fähigkeiten auch nicht

generell in Frage. Er sieht sich weiterhin als einen fähigen und begabten Menschen an, der lediglich in dieser einen Sache gescheitert ist. Er gibt deshalb nicht die Hoffnung auf, beim nächsten Mal bei einer anderen Sache Erfolg zu haben.

Anders der Pessimist. Wenn ihm etwas nicht gelingt, dann sieht er sein Scheitern als Beweis dafür an, daß er nichts taugt, daß er generell unbegabt ist oder einfach ein Versager ist. Zu scheitern bedeutet für einen Pessimisten also immer auch, sich selbst und seinen Wert in Frage zu stellen bzw. das Scheitern ist für einen Pessimisten nur eine Bestätigung für sein Vorurteil gegenüber sich und seinen Fähigkeiten, nämlich daß er unfähig ist und nichts zustande bringt. Deshalb ist es für ihn so schlimm, wenn er eine Niederlage erleidet, und deshalb handeln Pessimisten auch oft nach der Devise: „Wenn ich nichts erwarte, dann kann ich auch nicht enttäuscht werden" oder „Wenn ich mit dem Schlimmsten rechne, dann bin ich auf alles gefaßt". Das mag wohl richtig sein, aber wer keine Hoffnung hat, wer nichts erwartet, geht in der Regel auch leer aus.

Wer die Hoffnung aufgibt, beraubt sich der Chance, sein Leben zum Besseren zu wenden.

Wer andererseits immer mit dem Schlimmsten rechnet, lebt in ständiger Angst und Aufregung und ist unfähig, unbeschwert sein Leben zu genießen.

Selbst wenn man sich etwas vormacht, wenn man sich fälschlicherweise einredet, mehr gute als schlechte Eigenschaften zu haben, das Glück auf seiner Seite zu haben, gesund zu bleiben, klug und fähig zu sein - und dem ist nicht so - was ist dabei? Selbstüberschätzungen und Erwartungen dieser Art sind in der Regel harmlos, aber sehr, sehr hilfreich. Sie heben die Stimmung, motivieren zu Spitzenleistungen, lassen uns leichter mit Mißerfolgen umgehen und setzen die Talente und Fähigkeiten frei, die in einem schlummern.

Als Psychologe und Psychotherapeut habe ich bislang weder einen Menschen getroffen, noch von einem gehört, der krankhaft optimistisch oder zu optimistisch war und sich dadurch in große Gefahr gebracht hätte. Natürlich gibt es denkbare Fälle, in denen es gefährlich, ja geradezu lebensgefährlich ist, sich und seine Fähigkeiten zu überschätzen. Wenn ich mir z.B. fälschlicherweise einrede, bei 200km/h mein Auto auch dann noch unter Kontrolle zu haben, wenn ich bei 10 Meter Abstand zum Vordermann plötzlich bremsen muß, dann kann mich und anderen diese unrealistische Einschätzung der Situation das Leben kosten. Ebenso kann ich gesundheitlich Schaden nehmen, wenn ich mir fälschlicherweise einbilde, ich sei körperlich so robust, daß ich unentwegt arbeiten kann, ohne meinem Körper Ruhe zu gönnen.

Sieht man einmal von diesen wenigen Fällen ab, in denen eine optimistische Haltung Nachteile haben kann, dann haben die leicht getönte Brille und die Illusion, alles werde sich zum Besten wenden, nur Vorteile. Diese Vorteile überwiegen meines Erachtens die Nachteile, die pessimistisches Denken mit sich bringt.

Optimistisch zu sein
ist eine Art Selbstschutz.

Sich etwas vorzumachen, die Realität zu verdrehen und sich selbst über die möglichen Gefahren zu täuschen, ist eine lebensnotwendige, ja geradezu lebenserhaltende Haltung.

Es ist unmöglich, auch nur die alltäglichsten Dinge zu tun, ohne sich selbst etwas vorzumachen. Wenn man sich jedes Mal, wenn man ins Auto steigt, vorstellt, wie viele Unfälle passieren können und wie groß die Wahrscheinlichkeit ist, einen Unfall zu haben, dann fährt man kein Auto. Wenn man sich bei allem, was man anfaßt, vor Augen hält, mit wie vielen Millionen Viren und Bakterien man in Berührung kommt, und daß diese einen krank machen können, dann legt man die Hände in

den Schoß und faßt nichts mehr an. Wenn man sich jedes Mal, wenn man das Haus oder die Wohnung verläßt, vorstellt, daß in der Abwesenheit eingebrochen wird, dann verläßt man das Haus nicht mehr oder nur unter großer und ständiger Angst.

Mit der Wahrheit kann man nicht leben.
Um leben zu können, braucht man Illusionen.
- Otto Rank -

Selbsttäuschungen sind jedoch nicht nur den Optimisten zu eigen. Auch Pessimisten machen sich etwas vor, indem sie sich z.B. im Falle einer schweren Krankheit keine Chance ausrechnen, sie zu überleben und daran sterben, da sie sich aufgegeben haben.

Überhaupt ist es so, daß wir uns alle permanent etwas vormachen, uns selbst belügen oder fälschlicherweise glauben, wir hätten alles unter Kontrolle. Nehmen wir nur einmal das Autofahren. Untersuchungen haben gezeigt, daß die meisten Menschen ihre Fahrsicherheit überschätzen bzw. glauben, besser als der Rest zu fahren - auch dann, wenn sie zuvor gerade in einen Unfall verwickelt waren.

Wenn Sie in den Wagen steigen, dann sind Sie sicherlich überzeugt, sicher und heil ans Ziel zu kommen. Unfälle bauen die anderen, Sie nicht. Jeder Raucher denkt ähnlich. Lungenkrebs bekommen die anderen, man selbst nicht. Menschen, die 12 und mehr Stunden arbeiten und sich selten ein freies Wochenende gönnen, täuschen sich auch, wenn sie glauben, ihr Körper würde das ungestraft über längere Zeit hinweg mitmachen.

Auch in Ihrem Leben gibt es Tag für Tag sicherlich Dutzende von Gelegenheiten, bei denen Sie von etwas fest überzeugt sind, das in Wirklichkeit jedoch auf wackligen Beinen steht. Ich will Sie nicht verunsichern oder Ihnen Angst einjagen. Ich will Ihnen lediglich zeigen, daß Selbsttäuschungen ein normaler, ja, ein lebensnotwendiger

Bestandteil des Lebens sind.

Brauchen Optimisten pessimistisch eingestellte Menschen?

Optimisten sind sehr begeisterungsfähig und greifen gerne nach den Sternen. Wenn sie von einer Sache begeistert sind, dann verlieren sie leicht die möglichen Probleme aus den Augen, die sich ihnen in den Weg stellen können. Hier können, so sagt mein amerikanischer Kollege Martin Seligmann, Pessimisten eine wichtige Rolle spielen. Da sie sozusagen Fachleute in Sachen Problemen sind, können sie den Optimisten durch ihre kritischen Worte veranlassen, nochmals gründlich über seine Pläne nachzudenken. Eine Prise Pessimismus oder Skepsis kann dazu beitragen, daß der Optimist seine Pläne nochmals überschläft oder überdenkt und so mögliche Fehler oder Probleme vermeidet.

Was Optimisten nicht sind

Optimisten sind keine "Strahlemänner", die mit einem ewigen Lächeln durch die Welt gehen, immer guter Dinge sind und nur positiv über sich, die anderen oder das Leben reden. Ebensowenig gehen Pessimisten stets mit einem griesgrämigen Gesicht durch die Welt und denken und reden immer nur negativ.

Optimisten kennen auch die Gefühle Ärger, Angst und Trauer. Auch sie fühlen sich manchmal hoffnungslos oder sind verzweifelt. Sie zweifeln manchmal auch und sind sich ihrer Sache nicht immer 100%ig sicher. Im Gegensatz zu den Pessimisten halten diese Phasen, in denen sie nicht so gut drauf sind, jedoch nicht sehr lange an. Sie verharren nicht in Lethargie, wenn sie mit einer Situation konfrontiert sind, in der sie rat- und hilflos sind. Sobald sie sich quasi vom ersten Schock erholt haben, beginnen sie, das Leben wieder aktiv anzugehen und ihr Denken in eine andere, eher lösungsorientierte Richtung umzulenken.

Verlangen Sie also nicht von sich, nun in jeder Situation zwanghaft optimistisch und positiv sein zu müssen. Erlauben Sie sich, traurig,

verärgert, ängstlich und verzweifelt sein zu dürfen. Diese Gefühle gehören zum Leben - auch zum Leben eines Optimisten. Wichtig ist nur, sich von diesen Gefühlen nicht so lähmen zu lassen, daß man unfähig ist, sein Leben zu gestalten.

Ehe wir uns dem nächsten Kapitel zuwenden, möchte ich Sie bitten, sich kurz zu notieren, was Sie sich von diesem Kapitel merken möchten. Diese kleine Arbeit ist für Sie ein Test, um überprüfen zu können, wieviel Sie sich von diesem Kapitel gemerkt haben. Sie wissen ja: Ein Wissen, das man nicht hat, kann man auch nicht anwenden.

Was möchte ich mir merken?

1. ______________________________

2. ______________________________

3. ______________________________

4. ______________________________

5. ______________________________

- 2 -
Was es heißt, ein Optimist zu sein

Wenn man von Optimisten spricht, dann meint man in erster Linie, daß diese Menschen positiv in die Zukunft schauen und immer mit dem Besten rechnen. Man erkennt sie an Äußerungen wie: „Das wird schon werden", „Das kriegen wir hin" oder „Das ist kein Problem".

Diese positive Sicht der Zukunft bewahrt die Optimisten jedoch nicht davor, wie andere Menschen auch, auf Probleme zu stoßen oder Niederlagen und Mißerfolge einstecken zu müssen. Ihr Leben besteht also nicht nur aus einer nimmer endenwollenden Serie von Erfolgserlebnissen. Sie müssen sich genauso wie die Pessimisten Tag für Tag mit Problemen herumschlagen.

Wieso aber sind sie dann nicht ebenso entmutigt wie Pessimisten? Wieso geben sie nicht auf und fühlen sich im Gegenteil geradezu durch Probleme angestachelt und herausgefordert, während Pessimisten an Problemen eher zerbrechen?

Die Antwort darauf ist: Optimisten geben die Hoffnung nicht auf bzw. rechnen auch dann noch mit einem positiven Ausgang, wenn alles dagegen zu sprechen scheint, weil sie über zwei positive und grundlegende Einstellungen verfügen, die für ihren Optimismus verantwortlich sind.

Die 2 grundlegenden Einstellungen optimistischer Menschen

1.
„Ich habe die Kontrolle über mich und mein Leben."

Optimisten glauben, Herr ihres Lebens zu sein und das "Schicksal" nach ihren Wünschen und Vorstellungen gestalten und beeinflussen zu können.

2.

„Ich bin fähig. Was ich anpacke, gelingt mir."

Optimisten sind Ich-Kann-Denker. Sie vertrauen darauf, daß sie die für eine Aufgabe notwendigen Fähigkeiten besitzen, und konzentrieren sich auf ihre Stärken.

In den Kapiteln 5 und 6 werden wir uns diese beiden zentralen Denkweisen optimistischer Menschen näher anschauen. Ich werde Ihnen zeigen, warum diese Einstellungen so wichtig sind, wenn man das Beste aus seinem Leben machen will, und Sie erfahren, wie Sie sich diese Schritt-für-Schritt aneignen können.

Schauen wir uns nun einmal an, wie Optimisten und Pessimisten mit Fehlschlägen und Erfolgen umgehen.

Wie Optimisten und Pessimisten mit Problemen umgehen

Beispiel

Nehmen wir an, Sie wollen Ihre Wohnung tapezieren und machen das zum ersten Mal. Sie haben also keine Erfahrung im Tapezieren. Nachdem Sie zwei Bahnen geklebt haben, lösen sich diese wieder von der Wand.

Wenn Sie ein Optimist sind,

dann halten Sie diesen Fehlschlag für ebenso vorübergehend wie ein Gewitter im Sommer. Sie sind überzeugt, daß Sie nur anders an die Sache herangehen müssen, und dann wird es schon klappen. Sie sind überzeugt, daß auf den Regen auch wieder Sonnenschein folgen wird, und das schon recht bald.

Dieser Optimismus, es schon zu schaffen, ist darin begründet, daß Sie die Ursache für den Fehlschlag nicht darin sehen, daß Sie generell unfähig oder unbegabt sind. Sie machen vielleicht den Kleister dafür verantwortlich, daß die Tapeten nicht halten, oder sagen sich: „Was soll´s. Das Ganze nochmal von vorne. So

schwer kann das ja nicht sein. Wenn andere das hinkriegen, dann schaff' ich das auch. Es ist noch kein Meister vom Himmel gefallen."

Wenn Sie ein Pessimist sind,

dann war das gar nicht anders zu erwarten, da Sie ja ein Pechvogel oder Unglückspilz sind, dem ständig alles danebengeht und dem so etwas immer wieder passieren wird. Und warum ist das Pech Ihr Schicksal, Ihr Karma? Weil Sie Ihrer Meinung nach zu dumm oder zu unbegabt sind, und weil dem so ist, so glauben Sie, werden Sie Ihr ganzes Leben lang vom Pech verfolgt werden.

Als Pessimist stellen Sie also sich und Ihre Fähigkeiten im ganzen in Frage, und weil Sie glauben, die Ursache - an der Sie nichts ändern können - für Ihr Versagen liege in Ihnen, sind Sie ohne jede Hoffnung und deprimiert.

Ein weiteres Beispiel

Nehmen wir an, Sie vergessen einen wichtigen Termin.

Wenn Sie Optimist sind,

dann sagen Sie sich vielleicht: „Ich hatte einfach zuviel um die Ohren." Als Optimist würden Sie also den Grund für das Vergessen als eine *kurzfristige und situationsbedingte* Sache ansehen, die darin begründet ist, daß Sie an vieles gleichzeitig denken müssen. Sie würden den Grund *nicht* in einer Unfähigkeit von sich suchen.

Wenn Sie ein Pessimist sind,

dann sagen Sie sich: „Typisch. So etwas kann nur dir passieren. Du bist einfach unzuverlässig. Immer vermasselst du alles. Man kann sich auf dich einfach nicht verlassen." Als Pessimist würden Sie also den Grund für Ihr Verhalten *in sich suchen* - Sie sind unzuverlässig - und weil Sie sich als unzuverlässig ansehen, wird Ihnen das natürlich wieder passieren.

Was Sie sich merken sollten

Optimisten halten Pech und Mißerfolge für etwas Vorübergehendes, etwas, das nur von kurzer Dauer ist. Dieser Optimismus ist darin begründet, daß sie sich trotz Fehlschlägen für fähig halten und glauben, die Dinge in den Griff bekommen zu können.
Pessimisten dagegen halten Pech für etwas, das von Dauer ist, da sie sich für unfähig halten und sich somit auch keine Chancen ausrechnen, daß sie beim zweiten Anlauf mehr Erfolg haben werden. Sie fühlen sich vielmehr hilflos.

Optimisten und Pessimisten gehen jedoch nicht nur verschieden mit Niederlagen und Mißerfolgen um sondern auch mit Erfolg.

Wie Optimisten und Pessimisten mit Erfolg umgehen

Ein Beispiel

Nehmen wir an, Sie werden von Ihrem Chef
für den Abschluß eines guten Geschäftes gelobt.

Wenn Sie ein Optimist sind,

dann verbuchen Sie den Erfolg und die Lorbeeren auf Ihrem Konto. Sie denken sich quasi: „Dem Tüchtigen gehört der Erfolg. Durch meinen Einsatz und meine Fähigkeiten habe ich die Sache erfolgreich abgeschlossen."
Da optimistische Menschen den Grund für einen Erfolg in ihrer Begabung, in ihren Fähigkeiten oder in ihrer Hartnäckigkeit sehen, sind sie natürlich auch davon überzeugt, daß ihnen der Erfolg treu bleiben oder sich irgendwann schon einstellen wird, da sie ja begabt oder fähig sind und genau darauf ihren Erfolg zurückführen.

Wenn Sie ein Pessimist sind,

denken Sie, der erfolgreiche Abschluß rühre daher, daß Sie Glück oder einen guten Tag hatten, daß es Zufall oder glückliche Fügung des Schicksals ist. Sie machen also Faktoren für den Erfolg verantwortlich, auf die Sie keinen oder nur einen geringen Einfluß haben. Folglich wird - so denken Sie sich - der Erfolg eine Eintagsfliege bleiben, und der nächste Mißerfolg steht schon vor der Tür.

Was Sie sich merken sollten

Optimisten führen Mißerfolge eher auf vorübergehende ungünstige Bedingungen zurück, während sie Erfolge auf ihr Konto schreiben.
Pessimisten verhalten sich gerade andersherum. Mißerfolge kreiden sie sich selbst an, führen sie auf einen Mangel in ihrer Person zurück, während sie Erfolge für vorübergehende Ereignisse halten, die rein zufällig und deshalb nicht von Dauer sind.

Wie Optimisten und Pessimisten an neue, unbekannte Aufgaben herangehen

Ein Beispiel

Sie bekommen in Ihrer Firma eine neue Aufgabe übertragen.

Wenn Sie ein Optimist sind,

dann denken Sie sich: „Das schaff´ ich schon. Ich bin ja schließlich nicht blöd. Ich werde mich dahinterklemmen, und dann wird es klappen. Wenn andere das können, dann kann ich das auch. Ich habe bisher alles erreicht, was ich mir vorgenommen habe. Endlich mal wieder eine Herausforderung".

Als Optimist würden Sie die neue Aufgabe als eine Herausforderung ansehen, als eine Möglichkeit, sich und Ihre Fähigkeiten unter Beweis zu stellen. Sie würden davon ausgehen, daß Sie die Ihnen übertragenen Aufgaben und an Sie gestellten Erwartungen erfüllen können. Warum auch nicht, denn schließlich halten Sie sich für einen fähigen Mitarbeiter.

Wenn Sie ein Pessimist sind,

dann würden Sie denken: „Wenn das bloß gutgeht. Ich habe doch gar keine Erfahrung darin. Vielleicht kann ich nicht halten, was sie sich von mir versprechen. Wer weiß, ob ich dieser Aufgabe überhaupt gewachsen bin. Was ist, wenn ich versage? Dann könnte ich mich nicht mehr in der Firma blicken lassen. Ich könnte das nicht ertragen."

Als Pessimist würden Sie die neue Aufgabe als Belastung ansehen, als ein Problem, dem Sie sich nicht gewachsen fühlen, und Sie würden verständlicherweise Angst haben, zu versagen.

Dadurch daß Optimisten an sich und ihre Fähigkeiten glauben und überzeugt sind, ihr Leben und Schicksal positiv beeinflussen zu können, sind sie hoffnungsvoll und zuversichtlich, während Pessimisten, die an sich und ihren Fähigkeiten zweifeln und deshalb überzeugt sind, nicht am Ruder ihres Lebens zu sitzen, hoffnungslos und mutlos sind.

Diese Fähigkeit von Optimisten, zuversichtlich und hoffnungsvoll zu sein, hat einen großen Einfluß auf ihr Leben. Schauen wir uns deshalb einmal an, warum es so wichtig ist, hoffnungsvoll und zuversichtlich zu sein, und welche Auswirkungen dies auf Ihr und mein Leben haben kann.

Warum es so wichtig ist, sich Hoffnung und Zuversicht zu schaffen

Im "Brockhaus" steht unter dem Begriff Hoffnung: "Hoffnung bezeichnet ... den Grund und die Voraussetzung für Veränderung so-

wie für jegl. Fortschritt im Sinne der Verbesserung eines gegenwärtigen Zustandes." Und weiter heißt es: "... steht Hoffnung im Gegensatz zu Verzweiflung als Vorwegnahme von Vernichtung oder existentiellem Scheitern."

Sich Hoffnung zu machen bedeutet also, einen Grund haben, etwas zu verändern, ja, die Hoffnung ist sogar die Voraussetzung für eine Veränderung. Wenn wir die Hoffnung aufgeben, dann fehlt uns die Voraussetzung für die Veränderung eines gegenwärtigen Zustandes, und wir sind verzweifelt. Im schlimmsten Fall nehmen wir uns das Leben, weil wir uns und die Hoffnung auf eine positive Wende aufgegeben haben.

Hoffnung ist ein Lebenselixier.
Ohne sie gibt es kein Leben.

Ohne Hoffnung geben wir auf, ergeben wir uns und verurteilen uns damit zum Tod. Dies belegen eindrucksvoll viele Untersuchungen an Tieren wie auch menschliche Schicksalsberichte. Wenn Tiere in eine unangenehme oder schmerzhafte Situation gebracht werden, der sie nicht entrinnen können, wenn diese Tiere also die Erfahrung machen, daß sie der Situation hilflos ausgeliefert sind, dann geben sie nach einiger Zeit die "Hoffnung" auf und unternehmen keinen Versuch mehr, sich aus selbst lebensgefährlichen Situationen zu befreien.

Wenn Patienten die Hoffnung aufgeben, wieder gesund zu werden, dann sind ihre Chancen sehr gering, ihre Krankheit zu überleben. Wer sich selbst aufgibt, ist verloren. Wer sich keine Chancen ausrechnet, aus einer Situation heil herauszukommen, wird auch keinen Versuch unternehmen und verurteilt sich so selbst zum Tode - auch wenn eine reale Überlebenschance bestehen würde. Wer die Hoffnung aufgibt, gibt sich auf.

Eine wahre Geschichte zum Nachdenklich-Machen

Ein Mann wurde abends aus Versehen in einer Kühlanlage eingeschlossen. Er wußte, daß bis zum nächsten Morgen niemand mehr kommen würde. Dies, so glaubte er, sei sein Todesurteil. Er hatte keine Hoffnung, eine ganze Nacht lang bei solch extremer Kälte überleben zu können, und schrieb an seine Familie einen Abschiedsbrief. Am nächsten Morgen fand man ihn tot auf. Sein Tod war jedoch allen Beteiligten unverständlich. In der Nacht war die Kühlanlage ausgefallen, und eigentlich hätte er überleben können müssen. Er war an seinem Glauben gestorben, keine Überlebenschance zu haben. Er hatte die Hoffnung aufgegeben und sich damit zum Tode verurteilt.

Wenn der Mensch keine Hoffnung mehr hat,
dann kann man ihn begraben.

Der Motor für jegliches menschliche Handeln ist die Hoffnung. Wir tun nichts, ohne uns etwas zu erhoffen oder uns zu versprechen.

Nur wenn ich die Hoffnung habe, ein Examen bestehen zu können, macht es Sinn, dafür zu lernen. Nur wenn ich die Hoffnung habe, daß ich als Psychologe anderen Menschen helfen kann, macht es Sinn für mich, zu studieren und mich als Therapeut niederzulassen. Nur wenn der Schatzsucher die Hoffnung hat, etwas zu finden, wird er suchen. Nur wer die Hoffnung auf Frieden hat und glaubt, etwas dazu beitragen zu können, wird für ihn eintreten und demonstrieren. Nur der Verkäufer wird erfolgreich seine Produkte verkaufen, der die Hoffnung hat, daß er Kunden für sein Produkt findet. Nur ein Bauer, der die Hoffnung hat, daß sein Samen aufgehen wird, wird ihn auch säen. Nur ein Sportler, der die Hoffnung hat, Sieger zu werden, nimmt die Anstrengungen des Trainings auf sich. Nur ein Forscher, der die Hoffnung hat, ein Mittel gegen Krebs oder AIDS zu finden, wird

jahrelang forschen. Nur wer daran glaubt, daß es eine Lösung für die Umweltprobleme gibt, wird auch den Versuch unternehmen, sie zu finden. Nur ein depressiver Mensch, der wenigstens noch ein klein wenig Hoffnung hat, daß ihm geholfen werden kann, wird Hilfe suchen.

Ohne Hoffnung gibt es keinen Fortschritt,
kein Überleben, kein Morgen, keine Zukunft.

Optimisten sind zuversichtlich, daß sich die Dinge so entwickeln werden, wie sie es möchten. Sie sind zuversichtlich, daß sie eine Lösung für die Probleme finden werden, die möglicherweise auftauchen. Und da sie glauben, daß es für die auftauchenden Probleme eine Lösung gibt, suchen sie auch nach ihr.

Pessimisten dagegen, die nicht daran glauben, daß sie eine Lösung für ihre Probleme finden, machen sich natürlich auch erst gar nicht auf die Suche danach, da es verrückt ist, nach etwas zu schauen, von dem man überzeugt ist, daß es gar nicht existiert.

Jede Hoffnung ist die Vorhersage einer besseren Zukunft,
die sich selbst erfüllen kann.

Da Optimisten zuversichtlich und hoffnungsvoll sind, haben sie viele positive Visionen und Träume, für die sie bei anderen nur Kopfschütteln oder ein ungläubiges Lächeln ernten. Ihre Visionen und Träume helfen ihnen, nicht aufzugeben, wenn sich ihnen Hindernisse in den Weg stellen. Ihre Träume motivieren sie, auch größte Anstren-

gungen auf sich zu nehmen und durchzuhalten, und ihre Träume helfen ihnen, in anderen Menschen Talente und Fähigkeiten zu wecken, die sonst unerkannt und ungenutzt blieben. Ihre Träume helfen ihnen und anderen, das "Unmögliche" möglich zu machen.

Keine Situation ist hoffnungslos oder ausweglos,
solange wir sie nicht so sehen.

Haben Sie keine Angst, von einer besseren Zukunft zu träumen. Wenn man aufhört zu träumen, dann hat man auch die Hoffnung verloren. Positive Gedanken zu denken und zu träumen heißt den Samen für ein besseres Leben zu pflanzen. Bis der Samen aufgeht und Früchte trägt, dauert es natürlich seine Zeit.

Selbsterfüllende Prophezeiungen und was es damit auf sich hat

Wie ich bereits in Kapitel 1 erwähnt habe, sind beide, Optimisten und Pessimisten, gute Propheten. Der Optimist, der mit dem guten Ausgang einer Sache rechnet, behält ebensooft recht, wie der Pessimist, der mit dem schlechten Ausgang einer Sache rechnet. Wie ist das möglich? Des Rätsels Lösung ist:

Was wir erwarten oder befürchten,
neigt dazu,
wahr zu werden.

Warum ist das so? Schauen wir uns ein Experiment an, das uns auf die Frage eine Antwort geben kann.

Ein Experiment, das uns zu denken geben sollte

Man zeigte Versuchspersonen Bilder von Menschen. Die Versuchspersonen sollten sagen, welche Menschen sie für sympathisch und welche für unsympathisch hielten. Daraufhin teilte man einigen Versuchspersonen mit, sie würden nun am Telefon mit den Menschen sprechen, die sie für sympathisch hielten. Anderen Versuchspersonen sagte man, sie würden am Telefon mit den Menschen sprechen, die sie für unsympathisch hielten. Diejenigen Versuchspersonen, die ihren Gesprächspartner zuvor als sympathisch eingestuft hatten, verhielten sich am Telefon sehr freundlich. Sie sprachen mit dem anderen in einer warmen, humorvollen und lebhaften Weise. Diejenigen Versuchspersonen, die glaubten, sie hätten den unsympathischen Menschen an der Strippe, verhielten sich kühl, abweisend und desinteressiert.

Nun, wenn Ihnen jemand kühl und reserviert begegnet, wie verhalten Sie sich dann? Gehen Sie auf denjenigen freudestrahlend und quasi mit offenen Armen zu? Nein. Die meisten von uns werden ebenfalls abweisend und zurückhaltend reagieren.

Das heißt: Unsere Erwartungen beeinflussen unser Verhalten - auch wenn uns das nicht bewußt sein mag - und andere Menschen reagieren darauf entsprechend. Der eigene Umgangsstil ruft in unseren Mitmenschen genau diejenigen Verhaltensweisen hervor, die unseren Erwartungen entsprechen. Es erfüllt sich das, was wir erwarten. Deshalb nennt man dieses Phänomen in der Psychologie "Selbsterfüllende Prophezeiung".

Im Alltag sagen Menschen oft, denen so etwas passiert: „Ich hab´s kommen sehen” oder „Ich wußte schon immer, daß er etwas gegen mich hat.” Wenn Menschen sagen, sie hätten es vorhergesehen, dann drücken sie damit in der Regel nur aus, daß sie durch ihr Verhalten dazu beigetragen haben, daß sich das ereignen konnte, was passierte.

Doch damit nicht genug. Unsere Erwartungen haben noch weiterreichende Wirkungen. Hat man sich erst einmal über jemanden ein (Vor-)Urteil gebildet, dann nimmt man auch nur noch die Merkmale am anderen wahr, die in das Bild vom anderen passen. Hält man jemanden z.B. für unzuverlässig, dann registriert man die Male, in denen er sich als zuverlässig erweist, gar nicht. Man sieht nur die Male, in denen er durch sein Verhalten unser Vorurteil bestätigt.

So ist es auch, wenn man sich eine bestimmte Philosophie über sein Leben oder das Leben im allgemeinen zugelegt hat. Man sieht dann nur noch, was in das Bild paßt, das man sich gemacht hat, und läßt alles andere unter den Tisch fallen.

Wenn ich depressive Menschen frage, was sie alles in ihrem Leben erreicht oder geleistet haben, dann höre ich meist: „Nichts". Diese Menschen sind davon überzeugt, daß ihr gesamtes Leben nur eine Serie von Mißerfolgen und Fehlschlägen ist. Selbst ehemals als positiv erlebte Ereignisse werden nun von ihnen als negativ bewertet oder einfach abgewertet: „Das war nichts Besonderes. Das war Zufall. Das können andere auch", usw.

Was Sie bedenken sollten

Wenn Sie zu sich, Ihren Fähigkeiten, Ihren Mitmenschen und Ihrer Zukunft negativ eingestellt sind, wenn Sie also pessimistisch und voll negativer Erwartungen sind, dann denken und handeln Sie so, daß genau das eintritt, was Sie erwarten oder befürchten - nämlich Negatives.

Es kommt selten etwas Gutes dabei heraus, wenn Sie Schlechtes erwarten.

So erging es auch jenen Lehrern in einem Experiment, in dem man der einen Gruppe von Lehrern sagte, sie bekämen eine sehr intelligente und

aufgeweckte Klasse, während man den anderen Lehrern sagte, sie bekämen eine eher mittelmäßige Klasse, bei der sie nicht allzu große Leistungen erwarten sollten. Tatsächlich aber gab man den Lehrern völlig normale Klassen, wie sie in jeder Schule zu finden sind. Das Ergebnis war umwerfend. Die Leistungen derjenigen Klassen, bei denen die Lehrer glaubten, es handle sich um sehr gute Schüler, lagen nach etlichen Monaten über dem Durchschnitt, während die Leistungen derjenigen Schüler, von denen die Lehrer sich nichts erhofften, unter dem Durchschnitt lagen.

Auch hier ist des Rätsels Lösung: Diejenigen Lehrer, die glaubten, sie hätten intelligente Schüler, verhielten sich anders gegenüber den Schülern, als diejenigen Lehrer, die glaubten, ihre Schüler seien nur mittelmäßig. Die Lehrer der vermeintlich intelligenten Schüler förderten diese mehr und hatten mehr Geduld mit ihnen. Die Lehrer der vermeintlich nur mittelmäßigen Schüler gaben sich keine so große Mühe. „Wozu auch?", so mögen sie - übertrieben ausgedrückt - gedacht haben, „Bei denen ist sowieso Hopfen und Malz verloren."

Solche sich selbst erfüllende Prophezeiungen sind auch im Spiel, wenn wir das "Pech gepachtet haben". Menschen, die vom Pech verfolgt sind, haben sehr oft eine negative Einstellung gegenüber der Zukunft.

Nun kann man natürlich fragen, was war zuerst da: das Ei oder die Henne? Waren diese Menschen zuerst negativ eingestellt und hatten dann Pech oder legten sie sich aufgrund ihrer häufigen schlechten Erfahrungen eine negative Sichtweise zu?

Ich bin der Überzeugung, daß diese Menschen in der Regel zuerst pessimistisch dachten und dann negative Erfahrungen machten, die sie in ihrer pessimistischen Sichtweise bestärkten.

Wenn ich überzeugt bin, bei allem, was ich anpacke, zu versagen, dann ist das für mich nicht sehr motivierend. Ich gehe entweder nur halbherzig an die Sache heran oder gebe mir erst gar nicht die Chance, mich vom Gegenteil zu überzeugen - sprich: Ich unternehme nichts und bleibe passiv. In beiden Fällen ist das Ergebnis dasselbe: Ich trete auf der Stelle. Wenn ich halbherzig an eine Sache herangehe, dann gebe ich beim kleinsten Hindernis, das sich mir in den Weg stellt, auf, weil ich meine negative Meinung durch das Hindernis bestätigt sehe, nämlich

daß ich versage und es deshalb keinen Sinn macht, mich weiter anzustrengen. Wenn ich erst gar nichts unternehme, um meinem Ziel näherzukommen, dann werde ich es natürlich auch nicht erreichen.

Optimisten, die mit dem guten Ausgang einer Sache rechnen, sind natürlich sehr motiviert, das zu erreichen, was sie als erreichbar ansehen. Wenn sie auf ein Hindernis stoßen, dann betrachten sie es vielleicht als eine lästige Fliege, durch die sie sich jedoch nicht von der Verfolgung ihres Ziels abhalten lassen.

Placebos und Hypnose - die besten Beweise für die Macht unseres Denkens

Der wohl eindeutigste Beweis für die Wirksamkeit optimistischen Denkens auf das körperliche Befinden und das Leben im allgemeinen ist der Placebo Effekt.

Ein Placebo ist eine Pille, die wie ein richtiges Medikament aussieht. Sie enthält jedoch nur Zucker, also keine Wirkstoffe. Es gibt zahlreiche Untersuchungen, in denen man nachweisen konnte, daß Menschen, die glauben, sie hätten bespielsweise eine Schmerztablette bekommen, in Wahrheit aber nur ein wirkungsloses Placebo erhalten haben, keine Schmerzen mehr verspüren. In manchen dieser Untersuchungen war die Wirksamkeit des Placebos ebenso groß wie die eines richtigen Medikamentes.

Der einzige Wirkstoff, der in Placebos ist, ist der Glaube an die Wirkung. Wenn wir von etwas fest überzeugt sind, wenn wir an unsere Heilung glauben - und damit mit einem positiven Ausgang rechnen, dann kann unser Körper die in uns innewohnenden Selbstheilungskräfte freisetzen, und wir können gesund werden.

Wie groß und weitreichend die Macht des Denkens ist, kann man an hypnotisierten Menschen sehen. Wenn ich Sie hypnotisieren und Ihnen suggerieren würde, daß ich Ihnen ein glühendheißes 5 Mark Stück auf Ihren Handrücken lege, Ihnen aber tatsächlich nur ein ganz normales 5 Mark Stück aus meiner Geldbörse auf die Hand legte, dann würde sich an dieser Stelle eine Brandblase bilden. Wenn ich Ihnen suggerieren würde, daß es im Raum entsetzlich kalt wäre, würden Sie frieren, und

umgekehrt würden Sie ins Schwitzen geraten, wenn ich Ihnen suggerieren würde, daß es sehr heiß im Raum ist. Wenn ich Ihnen suggerieren würde, daß sie vollkommen schwach sind, daß Ihre Arme schwer wie Blei sind, dann könnten Sie nicht einmal einen Bleistift aufheben. Lediglich Ihr Glaube, schwach zu sein, würde ausreichen, es tatsächlich auch zu sein.

Was Sie bedenken sollten

> In Ihnen stecken Kräfte und Fähigkeiten, die Sie nur deshalb nicht entfalten und einsetzen können, weil Sie nicht daran glauben, über sie zu verfügen.

Deshalb sind Optimisten so oft erfolgreich. Sie rechnen mit einem guten Ausgang und sind überzeugt, die für die Erreichung ihrer Ziele notwendigen Fähigkeiten zu haben. Es ist ihr Glaube, der ihnen den Vorsprung gegenüber den Pessimisten verschafft. Sie sind nicht cleverer oder begabter als die Pessimisten. Sie glauben einfach daran, das erreichen und verwirklichen zu können, was sie sich wünschen.

Ehe Sie zum nächsten Kapitel gehen, vermerken Sie bitte noch, was Sie sich von diesem Kapitel merken möchten. Versprochen?

Was möchte ich mir merken?

1. ____________________

2. ____________________

3. ____________________

4. ____________________

5. ____________________

- 3 -
Wie eine pessimistische Denkhaltung entsteht

Kleine Kinder sind sehr optimistisch. Sie vereinen in sich alle Eigenschaften optimistischer Menschen. Sie sind vertrauens- und hoffnungsvoll, siegesbewußt, sind von sich überzeugt, sind guten Mutes, lebensbejahend und zuversichtlich.

Erst durch Erfahrungen, die sie in ihrem Leben machen, lernen sie, sich und die Welt mit anderen Augen zu sehen. Erst durch negative Erfahrungen lernen sie, pessimistisch zu denken: „Die Zukunft bringt nichts Gutes. Ich werde Pech haben und vieles wird schiefgehen."

Ich kann in diesem Buch keine generellen Erfahrungen aufzeigen, die bei allen Menschen zu einer pessimistischen Lebenseinstellung führen. So verschieden die Menschen, so verschieden sind auch die Erfahrungen, aufgrund derer sich die Menschen in Pessimisten verwandeln. Ich werde deshalb ganz allgemein anhand von Beispielen zeigen, wie Menschen lernen, sich die zwei grundlegenden Denkweisen pessimistischer Menschen anzueignen.

Die 2 grundlegenden Denkweisen von Pessimisten sind:

1.

„Ich bin hilflos. Ich bin den Menschen und Umständen ausgeliefert."

Pessimisten glauben, keinen Einfluß auf ihr Leben zu haben. Sie fühlen sich den Umständen oder anderen Menschen ausgeliefert.

2.

„Ich bin unfähig. Nichts, was ich anpacke, gelingt mir."

Pessimisten zweifeln an sich und ihren Fähigkeiten und trauen sich deshalb nur wenig oder nichts zu.

Schauen wir uns im einzelnen an, wie wir Menschen lernen, uns diese Denkweisen anzueignen. Sind Sie bereit?

1. Pessimisten denken, sie seien hilflos

Wie entsteht in einem Menschen das Gefühl der Hilflosigkeit? Welche Erfahrungen muß ein Mensch machen, um sich wehrlos und seinem Schicksal ausgeliefert zu fühlen?

Eine wahre Geschichte

Sicherlich waren Sie schon einmal im Zirkus und haben die mächtigen Elefanten bewundert. Vielleicht haben Sie dort bemerkt, daß die Elefanten an einem relativ kleinen Pflock angekettet waren. Hat Sie das nicht erstaunt? Haben Sie sich nicht gefragt, wie es möglich ist, ein so starkes Tier an einen so kleinen Pflock anzuketten? Für den Elefanten müßte es doch eigentlich ein Leichtes sein, diesen Pflock herauszureißen und sich so zu befreien, oder? Warum aber tut er es nicht?

Des Rätsels Lösung ist: Als Baby hat man den Elefanten ebenfalls an einen solchen Pflock angekettet. Als er jedoch noch klein war, hatte er noch nicht die Kraft, sich zu befreien. So sehr er damals auch versuchte, sich loszureißen, es mißlang. Je öfter er vergeblich versuchte, sich zu befreien, je mehr er als Baby die Erfahrung machte, daß er hilflos war, daß der Pflock stärker war als er, umso mehr "glaubte" er es, und schließlich gab er auf.

Der Elefant hatte gelernt, hilflos zu sein, und diese Erfahrung war von nun an unauslöschbar ein Teil seiner Welt. Als er älter wurde und die Kraft hatte, sich loszureißen, versuchte er es gar nicht erst, da er als Baby hundert und vielleicht tausend Male die Erfahrung gemacht hatte, daß es zwecklos ist, sich dagegen zu wehren.

Ähnlich lernen auch wir Menschen, uns hilflos zu fühlen. Aufgrund vergangener Erfahrungen und Krisen, in denen wir uns keinen Rat

wußten, in denen wir erlebten, daß wir nichts tun konnten, um uns aus einer unangenehmen Situation zu befreien, hat sich bei uns die Überzeugung breit gemacht, daß wir wehr- und hilflos sind - auch wenn wir es tatsächlich gar nicht (mehr) sind, ebensowenig wie der ausgewachsene Elefant.

So machen Kinder, deren Vater Alkoholiker ist, häufig die Erfahrung, daß der Vater im angetrunkenen Zustand unberechenbar und aggressiv ist. Sie müssen jeden Moment befürchten, daß der Vater sie aus einer Laune heraus schlägt. Sie wissen nicht, wie sie die Schläge des Vaters vermeiden oder umgehen können, und fühlen sich zwangsläufig hilflos gegenüber dem Vater. Diese Erfahrung kann dazu führen, daß sie als Erwachsene vor betrunkenen Menschen oder vor Menschen generell Angst haben und nicht wissen, wie sie sich ihnen gegenüber verhalten sollen. Ein anderes Beispiel ist, wenn sich Eltern trennen und das Kind erlebt, daß es nichts tun kann, um den Vater oder die Mutter wieder zurückzuholen. Eine solche Erfahrung kann dazu führen, daß das Kind später als Erwachsener Angst hat, sich zu binden, bzw. Probleme hat, anderen zu vertrauen.

Menschen, die an Krebs oder AIDS erkranken, geht es in der Anfangsphase ihrer Krankheit ähnlich. Sie fühlen sich der Krankheit ausgeliefert. Sie können nichts tun, um ihre Krankheit rückgängig zu machen, und sehen keine Möglichkeit, darauf Einfluß zu nehmen.

Das Gefühl der Hilflosigkeit ist ein erlerntes Gefühl.
Wir lernen durch bestimmte Erfahrungen,
uns hilflos zu fühlen. Deshalb können wir dieses Gefühl
auch wieder verlernen.

2. Pessimisten halten sich für unfähig

In meinem Buch <So gewinnen Sie mehr Selbstvertrauen> habe ich aufgezeigt, wie wir als Kinder lernen, an uns und unseren Fähigkeiten

zu zweifeln. Da ich mich hier nicht wiederholen möchte, werde ich Ihnen eine weitere kleine Geschichte erzählen, die sehr schön verdeutlicht, wie man lernen kann, das Vertrauen in sich und seine Fähigkeiten zu verlieren.

Eine wahre Geschichte

Piranhas (Raubfische) lieben Makrelen zum Frühstück, zum Mittag- und zum Abendessen. In einem Experiment machte man folgendes: In ein Aquarium setzte man einen Piranha und eine Makrele. Wie nicht anders zu erwarten, fraß der Piranha die Makrele. Nun stellte man in das Aquarium eine Glaswand. Auf der einen Seite befand sich der Piranha, auf der anderen Seite, geschützt durch die Glaswand, die Makrele. Sofort begann der Piranha auf die Makrele zuzuschwimmen und stieß unsanft gegen die Glaswand. Dieses Spiel wiederholte sich viele, viele Male. Unzählige Male machte der Piranha die Erfahrung: „Ich kann die Makrele nicht fressen". Schließlich gab der Piranha auf. Dann entfernte man die Scheibe, und nun konnte er die Makrele fressen, aber er tat es nicht. Er hatte so oft die Erfahrung gemacht, daß er die Makrele nicht fressen kann, daß er nun, als sie für ihn erreichbar war, an dieser Erfahrung festhielt, und beide friedlich nebeneinander herlebten.

Ähnlich ist es mit uns Menschen. Von klein auf hören wir in den verschiedensten Situationen von Erwachsenen: „Das kannst du nicht; das schaffst du nicht; du bist ein Versager; du hast zwei linke Hände; du bist ein Tollpatsch; du wirst es nie zu etwas bringen; alles, was du anpackst, geht schief; Du bist zu nichts zu gebrauchen", usw. Mit der Zeit haben wir uns die Meinung der Eltern zu eigen gemacht und haben sie übernommen. Fortan haben wir uns selbst diese vernichtenden Worte an den Kopf geworfen, und mit jedem Mal mehr sank unser Selbstvertrauen und unser Selbstwertgefühl, bis wir schließlich dachten: „Ich bin unfähig". Vielleicht haben wir zusätzlich in der Schule erfahren müssen, daß wir sportlich eine Null oder in Mathe eine Katastrophe sind.

Je mehr wir solche Erfahrungen gemacht haben und je unterschiedlicher die Bereiche waren, in denen wir uns als unfähig erlebten, umso weniger trauten wir uns etwas zu. Die Folge unseres zerstörten oder zumindest sehr stark angekratzten Selbstvertrauens ist, daß wir trotz noch so großer Talente und Begabungen im Leben nicht vorankommen, weil wir zu glauben wissen, daß wir unbegabt oder unfähig sind und es deshalb nicht schaffen werden.

Sich selbst nichts zuzutrauen,
an sich und seinen Fähigkeiten zu zweifeln,
sind erlernte Verhaltensweisen und können deshalb
auch wieder verlernt werden.
Wir können lernen, unser Selbstvertrauen zu stärken
und aufzubauen.

Wie sich die Überzeugung, unfähig zu sein, auf viele Bereiche auswirken kann

Da Pessimisten kein Vertrauen in sich und ihre Fähigkeiten haben, d.h. generell an sich und ihren Fähigkeiten zweifeln, machen sie in vielen Bereichen ihres Lebens schlechte Erfahrungen, und je mehr schlechte Erfahrungen sie machen, umso mehr übertragen sie ihre pessimistische Denkweise auf alle Bereiche ihres Lebens.

Eine Geschichte zur Verdeutlichung

Hubert ist Angestellter in einer Bank. Auf dem 2. Bildungsweg wollte er sein Abitur nachmachen, fiel jedoch durch die Prüfung. Diese Erfahrung hatte einen nachhaltigen Einfluß auf andere Bereiche seines Lebens. Er begann, an seinen Fähigkeiten als Bankkaufmann zu zweifeln. Jeder Fehler, der ihm unterlief, war

nun, im Gegensatz zu früher, ein Beweis dafür, daß er in diesem Beruf fehl am Platze war. Früher maß er seinen Fehlern nicht eine so große Bedeutung bei. Er vergaß sie rasch, ohne sie zum Anlaß zu nehmen, generell an sich und seinen Fähigkeiten zu zweifeln. Nun aber waren sie für ihn nur ein weiterer Beweis für seine Unfähigkeit. Mit jedem neuen Fehler fühlte er sich in seiner negativen Selbstbeurteilung bestätigt, und er wurde zusehends depressiver und entwickelte zahlreiche Ängste und körperliche Symptome. Aufgrund seiner immer schlechter werdenden seelischen und körperlichen Verfassung bekam er sexuelle Probleme. Er hatte Angst, beim Sex zu versagen, und "bekam keinen hoch". Dieses Erlebnis nagte noch mehr an seinem Selbstwertgefühl und bestärkte ihn noch mehr in seiner Meinung, daß nichts mehr mit ihm los war. Natürlich wirkte sich seine schlechte seelische Verfassung auch auf die Beziehung zu seiner Frau und den Kindern aus. Es kam häufig zu Streitereien und seine Frau warf ihm vor, er ließe sich gehen und mit ihm sei kein vernünftiges Wort mehr zu reden. Und so bekam Hubert von allen Seiten immer mehr zu spüren, daß er sich zum Nachteil verändert hatte. Schließlich waren sein Selbstwertgefühl und sein Selbstvertrauen auf dem Nullpunkt angekommen, und er hatte selbst bei solch alltäglichen Dingen, wie beim Autofahren Angst, zu versagen - und dabei hatte er sich doch immer für einen sehr guten Autofahrer gehalten.

Hubert ist ein gutes Beispiel dafür, wie sich ein Mensch aufgrund *einer* schlechten Erfahrung in einen pessimistischen Menschen verwandeln kann. Nicht immer entwickeln Menschen jedoch aufgrund einer schlechten Erfahrung eine generell pessimistische Einstellung. Welchen Einfluß eine solche Erfahrung auf den Menschen hat, hängt davon ab, wie stark er dieses Ereignis als negativ bewertet, wie hoch sein Selbstwertgefühl ist und wie er seine Fähigkeiten einschätzt.

Ein optimistischer Mensch, der im großen und ganzen von sich und seinen Fähigkeiten überzeugt ist, der wird sich nicht aufgrund einer solchen Niederlage in einen pessimistischen Menschen verwandeln. Er wird sie wegstecken und ohne, daß sein Selbstwertgefühl einen

größeren Schaden erleidet, verdauen. Nur wenn eine solch negative Erfahrung auf fruchtbaren Boden fällt, d.h. wenn der Betreffende schon vor dieser schlechten Erfahrung an sich und seinen Fähigkeiten zweifelte, wenn er also die schlechte Erfahrung als eine Bestätigung für sein negatives Selbstbild ansieht, dann ist die Gefahr sehr groß, daß seine Selbstzweifel und sein Pessimismus größer werden und sie sich auch auf andere Bereiche ausdehnen.

Was möchte ich mir merken?

1. ____________________

2. ____________________

3. ____________________

4. ____________________

5. ____________________

- 4 -
Bin ich ein Optimist oder ein Pessimist?
Ein kleiner Test gibt Ihnen Aufschluß

Der nachfolgende kleine Test gibt Ihnen Gelegenheit, selbst herauszufinden, ob Sie eher ein Optimist oder ein Pessimist sind.

Lesen Sie jede Feststellung durch und antworten entweder mit ja oder nein. Schreiben Sie Ihre Antwort hinter jedc Feststellung. Entscheiden Sie sich immer für eine der beiden Möglichkeiten. Es gibt keine richtigen und falschen Antworten. Überlegen Sie also nicht zu lange bei einer Frage, sondern antworten eher spontan.

Am Ende des Test sage ich Ihnen, wie Sie ihn auswerten können. Sind Sie bereit, der Wahrheit ins Auge zu sehen? Dann beginnen Sie.

1. Sagen Sie häufig: „Das kann ich nicht."?
2. Denken Sie von sich häufig: „Ich bin unbegabt."?
3. Denken Sie sich häufig: „Alles, was ich anpacke, geht schief."?
4. Glauben Sie, mehr Schwächen als positive Seiten zu haben?
5. Machen Sie sich für Fehler oft Selbstvorwürfe?
6. Sehen Sie häufig zuerst die Nachteile einer Sache?
7. Wenn Sie etwas vorhaben, rechnen Sie dann häufig damit, daß es schiefgeht?
8. Finden Sie häufig Gründe, warum etwas nicht möglich ist?
9. Denken Sie häufig, die Zukunft bringt Ihnen nichts Gutes?
10. Halten Sie sich für einen Pechvogel?
11. Wenn Ihnen etwas gelingt, denken Sie dann: „Das war Glück."?
12. Denken Sie häufig, Ihr Leben nicht im Griff zu haben?
13. Fühlen Sie sich oft den Menschen und Umständen ausgeliefert?
14. Grübeln Sie viel oder machen sich häufig Sorgen?
15. Fühlen Sie sich häufig hilflos?

Wie Sie den Test auswerten und welche Schlußfolgerungen Sie aus dem Ergebnis ziehen können

Haben Sie hinter jeder Feststellung entweder ein Ja oder ein Nein vermerkt? Ja? Sehr gut. Die Auswertung ist ganz einfach. Zählen Sie nun Ihre Ja-Antworten zusammen.

Bei diesem Test geht es nicht um die Erreichung einer bestimmten Punktzahl. Deshalb gebe ich Ihnen auch keine einzelnen Abstufungen von mehr oder weniger pessimistisch bzw. optimistisch an.

Generell kann man sagen: Je mehr Ja-Antworten Sie haben, umso pessimistischer sind Sie, bzw. je weniger Ja-Antworten Sie haben, umso optimistischer sind Sie. Wenn Sie 10 und mehr Ja-Antworten haben, dann leiden Sie sehr wahrscheinlich häufig oder ständig unter Stimmungstiefs. In diesem Fall empfehle ich Ihnen, sich an einen Therapeuten zu wenden. Dieses Buch wird Ihnen dann im Moment nicht weiterhelfen, da Sie zuerst Ihre depressiven Verstimmungen überwinden müssen, um von ihm profitieren zu können.

Die Fragen 1 bis 5

Diese Fragen beziehen sich auf die Eigenschaften von Pessimisten, an sich und ihren Fähigkeiten zu zweifeln. Wenn Sie 3 oder mehr der 5 Fragen mit ja beantwortet haben, dann sollten Sie sich das Kapitel 6 ganz besonders anschauen und die dazu gehörigen Übungen besonders intensiv machen.

Die Fragen 6 bis 10

Diese Fragen beziehen sich ganz allgemein auf die Neigung pessimistischer Menschen, mit einem schlechten Ausgang zu rechnen. Wenn Sie diese Fragen mit ja beantworten, dann ist das ein zusätzlicher Hinweis darauf, daß Sie pessimistisch eingestellt sind. Optimisten würden diese Fragen nämlich mit nein beantworten.

Die Fragen 11 bis 15

Diese Fragen beziehen sich auf die Eigenschaft von Pessimisten, sich hilflos zu fühlen. Auch hier gilt wieder: wenn Sie 3 und mehr Fragen mit ja beantwortet haben, dann beschäftigen Sie sich besonders intensiv mit dem Kapitel 5 und den dazugehörigen Übungen.

Hilfe, ich bin ein völliger Pessimist

Wenn Sie aufgrund des Tests festgestellt haben, daß Sie ein eingefleischter Pessimist sind, dann werfen Sie die Flinte nicht ins Korn. Pessimismus ist eine erlernte Eigenschaft, und deshalb können Sie sich auch von ihr befreien. Wenn Sie an sich und Ihren negativen Denkgewohnheiten arbeiten, dann können Sie diese überwinden. Denken Sie immer daran:

Was man gelernt hat, kann man auch wieder verlernen.

Es ist weder zu spät, noch ist es unmöglich, in das Lager der Optimisten überzutreten. Aber machen wir uns nichts vor: Je pessimistischer Sie sind, umso mehr Zeit und Training benötigen Sie hierfür.

Sind Sie bereit, die hierfür notwendige Zeit aufzubringen? Wollen Sie mehr aus Ihrem Leben machen? Dann lassen Sie uns beginnen. Im nächsten Kapitel werden wir uns mit der Eigenschaft optimistischer Menschen beschäftigen, sich als Kapitän ihres Lebens zu fühlen.

- 5 -
Optimisten fühlen sich als Kapitän ihres Lebens

Optimisten glauben, die Dinge und die Probleme im Griff zu haben oder sie zumindest in den Griff bekommen zu können. Sie sind überzeugt, die Kontrolle über sich und ihr Leben zu haben.

Wie ich Ihnen bereits in Kapitel 3 aufgezeigt habe, lernen wir Menschen, uns hilflos zu fühlen. Wenn wir - ähnlich wie der Elefant - erleben, daß wir unfähig sind, Einfluß auf eine bestimmte Situation auszuüben, wenn wir feststellen, daß wir Gefangene anderer oder der Umstände sind, und wir glauben, uns nicht aus dieser Situation befreien zu können, dann entsteht in uns das Gefühl der Hilflosigkeit. Entweder wir verfallen dann in Passivität, Depressionen und Lethargie oder wir reagieren sehr aggressiv und gewalttätig.

Wer sich hilflos fühlt, muß nicht auch hoffnungslos sein

Die Grundlage für die Hilflosigkeit von Pessimisten ist die Überzeugung, unfähig zu sein, etwas ändern zu können. Nun muß das Gefühl der Hilflosigkeit nicht zwangsläufig auch dazu führen, daß man hoffnungslos ist. Wenn beispielsweise ein Bergsteiger abgestürzt ist und er sich aufgrund von Verletzungen nicht selbst helfen kann, wenn er selbst also hilflos ist, dann kann er immer noch die Hoffnung haben, gerettet zu werden. Auch mag sich ein schwerkranker Mensch sehr hilflos fühlen, weil er glaubt, selbst nichts zu seiner Gesundung beitragen zu können. Er kann jedoch die Hoffnung haben, daß die Ärzte und die Medizin ihm helfen können. Wenn Ihr Wagen auf der Autobahn stehenbleibt, dann fühlen Sie sich vielleicht hilflos, weil Sie sich nicht selbst zu helfen wissen, aber Sie haben trotzdem die Hoffnung, daß Ihnen, z.B. vom ADAC geholfen werden kann.

Hilflosigkeit führt also dann nicht zu Hoffnungslosigkeit, wenn man

das Vertrauen hat, daß andere einem helfen.

Warum es so wichtig ist, davon überzeugt zu sein, die Kontrolle über sich und sein Leben zu haben

Zahlreiche Untersuchungen aber auch Alltagserfahrungen, wie Sie sie täglich machen können, zeigen, daß die Einschätzung, Herr der Lage zu sein, für das seelische und körperliche Befinden enorm wichtig ist.

Da Optimisten sich als Herr der Lage ansehen, haben sie keine Angst vor möglichen auftauchenden Problemen. Sie sind sich sicher, damit umgehen bzw. eine Lösung für sie finden zu können. Deshalb machen sie sich - im Gegensatz zu Pessimisten, die glauben, Problemen gegenüber hilflos zu sein - auch keine Gedanken um ungelegte Eier. Wenn Probleme auftauchen, dann ist es quasi noch genug Zeit, sich den Kopf darüber zu zerbrechen. Optimisten denken mehr darüber nach, was sie sein oder erreichen können, während Pessimisten darüber nachdenken, was sie nicht sein oder nicht erreichen wollen.

Optimisten sehen die Dinge so, wie sie sie haben möchten.

Pessimisten fühlen sich hilflos. Sie haben das Gefühl, anderen oder den Umständen ausgeliefert zu sein. Sie fühlen sich manipuliert und als Spielball anderer. Sie glauben nicht, über sich und ihr Schicksal die Kontrolle zu haben, und deshalb ist auch ihre Hoffnung gering, daß sich jemals etwas an ihrem Schicksal ändern wird. Aufgrund ihrer vermeintlichen Hilflosigkeit neigen Pessimisten eher dazu, sich Sorgen zu machen, sich über ein Problem zu grämen, sich zu bemitleiden oder das Schickal für die vermeintlich ungerechte Behandlung anzuklagen.

Man ist umso zufriedener, je mehr man glaubt, die Kontrolle über die Ereignisse in seinem Leben zu haben.

Wenn man glaubt, wenig oder keine Kontrolle über Bereiche zu haben, die einem wichtig sind, und man sieht, wie andere diese Situationen meistern, dann ist man unzufrieden. Am größten ist die Unzufriedenheit, wenn man glaubt, in der Beziehung zu anderen zu versagen, wenn man sich nicht traut, sich durchzusetzen, und Konflikten aus dem Weg geht, und wenn man nicht in der Lage ist, erfolgreich und glücklich zu sein.

Wenn man glaubt, über etwas keine Kontrolle zu haben, wenn man beispielsweise überzeugt ist, sich nicht gegen eine ungerechte Behandlung in einem Geschäft wehren zu können, weil man sich für zu schüchtern fühlt, dann sieht man auch keinen Sinn darin, zu handeln, sprich etwas gegen die Ungerechtigkeit zu unternehmen. Man verfällt in Passivität, resigniert und wird vielleicht depressiv. Gleichzeitig aber lebt man in der ständigen Angst, auf Menschen oder Situationen zu treffen, denen man nicht gewachsen ist, und die deshalb mit einem machen können, was sie wollen.

Menschen, die das Gefühl haben, ein hohes Maß an Kontrolle zu haben, achten mehr auf ihre Gesundheit und tragen im Krankheitsfall aktiver zu ihrer Gesundung bei. Auch erholen sich Menschen, die glauben, sie hätten ein gewisses Maß an Kontrolle, schneller von Operationen als Menschen, die glauben, wenig Kontrolle zu haben.

Bei Menschen, die an Krebs erkrankt sind, führt das Gefühl der Hilflosigkeit zu einem beschleunigten Wachstum der Krebszellen. Es konnte auch gezeigt werden, daß Hilflosigkeit das Immunsystem schwächt und daß Pessimisten doppelt so häufig unter Infektionskrankheiten leiden als Optimisten. Umgekehrt läßt sich die Zahl der natürlichen Abwehrzellen durch optimistische Selbstgespräche steigern.

Eine Untersuchung an AIDS Langzeitkranken ergab, daß diejenigen Patienten länger leben, die

a) die Ernsthaftigkeit ihrer Krankheit erkennen, jedoch nicht fatalistisch sind, d.h. sich weigern zu glauben, daß AIDS automatisch ein Todesurteil ist. (Hoffnung)
b) für ihre Gesundung die Verantwortung übernehmen und glauben, daß ihre aktiven Bewältigungsmaßnahmen zu ihrer Heilung beitragen. (Kontrolle)

c) einen starken Lebenswillen haben.

Optimismus kann über Leben und Tod entscheiden.

Wenn man im Beruf glaubt, seine Arbeit und die an einen herangetragenen Anforderungen im Griff zu haben, dann ist man gelassener und empfindet die Arbeit weniger als Streß. Man kann große berufliche Belastungen auch dann ohne Schaden überstehen, wenn man überzeugt ist, sie meistern zu können, und man ihnen gegenüber eine positive Einstellung hat. Menschen, die das Gefühl haben, sie könnten ihre Lebensumstände kontrollieren, sind selbst in sehr stressreichen Situationen kaum mehr erregt oder gestresst als Menschen, die überhaupt keinem Stress ausgesetzt sind.

Je sicherer man sich seiner Sache ist und je mehr man in die eigenen Fähigkeiten vertraut, umso gelassener ist man und umso weniger fühlt man sich unter Zeitdruck.

Welche Bedeutung die Überzeugung hat, man habe einen Einfluß auf sein Leben, zeigt sich bei älteren Menschen. Wenn diese keinen Einfluß auf ihren Alltag haben, weil dieser beispielsweise in einem Heim völlig durchorganisiert ist, wenn sie keine Aufgabe haben, dann erhöht sich die Sterbe- und Krankheitsquote. Für uns Menschen ist es wichtig, daß wir das Gefühl haben, ein selbstbestimmtes Leben zu führen.

Es ist nicht so wichtig
für das seelische Befinden und den Erfolg,
ob man tatsächlich die Kontrolle über etwas hat,
als vielmehr, daß man glaubt, die Kontrolle zu haben.

Wie ich bereits erwähnt habe, täuschen sich alle Menschen, die einen mehr, die anderen weniger. Fast jeder Autofahrer glaubt, mehr Kontrolle über seinen Wagen zu haben, als er tatsächlich hat. Wenn man glaubt, die Kontrolle über etwas zu haben, dann fühlt man sich sicher und kann aufgrund dieser Sicherheit in gefährlichen Situationen besser reagieren als jemand, der voller Angst oder gar Panik ist, weil er glaubt, hilflos zu sein.

Wer in scheinbar ausweglosen Situationen
oder in Krisen glaubt, Herr der Lage zu sein,
hat sehr viel größere Chancen, die Situation oder Krise
zu meistern, als jemand, der glaubt,
die Lage sei aussichtslos, oder der glaubt,
er habe keine Möglichkeit, Einfluß zu nehmen.

Was möchte ich mir merken?

1. ______________________________

2. ______________________________

3. ______________________________

4. ______________________________

5. ______________________________

- 6 -
Optimisten haben Vertrauen in sich und ihre Fähigkeiten

Die für den Erfolg und das Wohlbefinden von Optimisten wichtigste Eigenschaft ist wohl ihr beinahe grenzenloses Selbstvertrauen, ihr Vertrauen, die für die Erreichung ihrer Ziele und Visionen erforderlichen Fähigkeiten zu haben. Ihre Grundeinstellung ist: „Ich bin fähig".

Warum es so wichtig ist, überzeugt zu sein, daß man fähig ist

Man kann noch so begabt sein, man kann noch so viele Fähigkeiten haben, wenn man nicht davon überzeugt ist, dann wird man nicht das Beste daraus machen. Das Vertrauen, daß man die für eine Aufgabe erforderlichen Fähigkeiten hat und eine Augabe erfolgreich lösen kann, führt dazu, daß man sich an viele Herausforderungen heranwagt, vor denen man sonst kapitulieren würde.

Dieses Vertrauen führt dazu, daß man nicht gleicht aufgibt, wenn einem etwas nicht auf Anhieb gelingt. Dadurch schließt man eine Aufgabe öfter erfolgreich ab, und das wirkt sich wieder positiv auf die Motivation aus, d.h. man wurde verstärkt und ist umso überzeugter, daß einem zukünftige Aufgaben gelingen werden.

Wenn ein Optimist auf ein Hindernis stößt, dann glaubt er, daß er sich nur noch etwas mehr anstrengen muß, um die Sache erfolgreich abzuschließen. Er zweifelt deshalb nicht an seinen Fähigkeiten und er zweifelt schon gar nicht daran, an sein Ziel zu gelangen.

Wir verhalten uns nicht entsprechend der Realität, sondern entsprechend unserer Sichtweise oder Einschätzung der Realität. Wenn der Elefant "glaubt", daß es Realität ist, daß er zu schwach ist, dann wird er sich auch so verhalten, als sei er schwach: Er wird keinen Versuch

unternehmen, sich zu befreien. Entsprechend ist es mit unseren Fähigkeiten.

Wir verhalten uns nie entsprechend unserer Fähigkeiten, sondern danach, welche Fähigkeiten wir zu glauben haben.

Wenn wir glauben, zu dumm oder zu unbegabt zu sein, dann verhalten wir uns entsprechend dieser Überzeugung, gleichgültig wie fähig wir auch sein mögen. Unsere Einstellungen zu unseren Fähigkeiten entscheiden darüber, was wir uns zutrauen und was wir im Leben erreichen.

Was nützen alle Talente und Fähigkeiten, wenn man sie nicht nutzt, weil man glaubt, zu dumm zu sein?

Vor 1954 glaubten alle Sportler und Mediziner der Welt, daß es unmöglich ist, eine Meile(1,6 km) in weniger als 4 Minuten zu laufen. Dann kam ein Mann, Roger Bannister, der das vollbrachte, was alle anderen für unmöglich hielten. Er war überzeugt, eine Meile in weniger als 4 Minuten laufen zu können. und tat es auch. Kurz nachdem er diesen Weltrekord aufgestellt hatte, liefen auch andere Sportler die Meile unter 4 Minuten. Waren diese Sportler auf einmal besser trainiert? Waren sie körperlich fitter? Nein. Der einzige Grund, warum sie plötzlich das "Unmögliche" möglich machen konnten, war, daß sie gesehen hatten, daß es möglich war. und weil sie nun *glaubten,* daß auch sie es schaffen konnten.

Ob man glaubt, etwas zu können, oder glaubt, etwas nicht zu können, man hat immer recht.

Wir alle leben innerhalb der Grenzen, die wir uns selbst durch unser Denken stecken. Wir können nur so weit gehen, nur so erfolgreich sein, wie wir glauben, gehen und erfolgreich sein zu können. Wenn wir glauben, an unsere Grenzen gestoßen zu sein, wenn wir glauben, nicht begabt oder fähig zu sein, dann sind wir nicht in der Lage, unsere Fähigkeiten auszuschöpfen und das Beste daraus zu machen. Es sind unsere geistigen Grenzen, mit denen wir die Grenzen in unserem Leben abstecken.

Wenn wir wissen wollen,
wie weit wir tatsächlich gehen können,
dann müssen wir glauben, daß uns alles möglich ist.

Natürlich ist es eine Selbstüberschätzung, oder man könnte auch sagen, es sei naiv, sich einzureden, einem sei alles möglich. Doch gerade diese Naivität, diese Unwissenheit in bezug auf Probleme, ist ein Grund, warum Optimisten so oft Erfolg haben.

Zuviel Wissen um mögliche Probleme kann sehr hinderlich sein. Wenn man im Vorhinein all die Probleme kennen würde, auf die man während einer Unternehmung stößt, dann würde man wahrscheinlich entmutigt die Finger davon lassen. So aber fängt man mit einer großen Portion Zuversicht oder gar Begeisterung an, die einem die Kraft gibt, mit den *nacheinander* auftretenden Problemen fertigzuwerden. Unwissenheit oder das Nicht-Sehen von Problemen kann also von großem Vorteil sein.

Auch Optimisten können sich nicht über physikalische Gesetzmäßigkeiten hinwegsetzen. Sie sind jedoch Menschen, die ein hohes Maß an Selbstvertrauen haben. Sie halten sich auf ihrem Gebiet für Könner und trauen sich deshalb vieles zu, was andere für unmöglich halten. Optimisten sind nicht klüger oder begabter als Menschen, die erfolglos sind. Optimisten glauben lediglich an sich und ihre Fähigkei-

ten und handeln(!), und das macht sie zu Siegern.

Die Kraft zum Sieg kommt aus dem Kopf

oder wie es Boris Becker einmal ausdrückte:

„Ein Match wird zu 90% im Kopf entschieden."

Da Optimisten glauben, alles erreichen zu können, was sie sich vornehmen, schmieden sie große Pläne, für die sie sich begeistern und die ihnen die Energie geben, selbst größte Entbehrungen auf sich zu nehmen, und die ihnen die Kraft geben, Mißerfolge wegzustecken und beharrlich an ihrem Ziel festzuhalten. Positive Visionen und Träume sind das Benzin, das Optimisten anspornt und motiviert.

**Positive Visionen sind nicht das Ziel.
Sie sind Zielsetzungen, die wir brauchen,
um unsere Fähigkeiten auszuschöpfen.**

Optimisten sind "Ich-kann-Denker". Sie wissen instinktiv, daß die meisten Beschränkungen nur in unserer Vorstellung und nicht im Leben existieren. Optimisten konzentrieren sich auf ihre Stärken statt auf ihre Schwächen.

Pessimisten sind "Ich-kann-nicht-Denker". Sie konzentrieren sich auf ihre Schwächen oder reden sich ein, unfähig zu sein. Sie gehen Ziele erst gar nicht an oder aber geben nach einem Fehlschlag auf, weil sie entweder denken, ihr Mißerfolg sei eine weitere Bestätigung für ihre negative Selbsteinschätzung, nämlich, daß sie unfähig sind, oder weil sie glauben, alle anderen würden immer auf Anhieb erreichen, was sie in die Hand nehmen - und auch das wiederum nur als einen weiteren Beweis dafür ansehen, daß sie selbst unfähig und all die anderen fähig sind.

Wenn man, wie Pessimisten, sein Augenmerk immer nur auf die vermeintlichen Hindernisse und Probleme legt, dann wird man immer wieder dagegen anrennen und an ihnen scheitern. Wenn Sie mit dem Fahrrad fahren und vor sich einen großen Stein liegen sehen, und Sie schauen immer nur den Stein an, um ja nicht über ihn zu fahren, dann steuern Sie direkt auf den Stein zu und fahren darüber. Wenn sie den Stein umfahren wollen, dann müssen Sie zwar wissen, wo der Stein liegt, ihr Augenmerk müssen Sie jedoch auf die freie Straße richten.

Man bewegt sich immer auf das zu, woran man denkt, und worauf man sich konzentriert. Konzentriert man sich auf ein Problem, statt auf die Lösung, dann steuert man direkt auf das Problem zu.

Warum Pessimisten immer ein Haar in der Suppe finden

Was meinen Sie: Nehmen Sie alles wahr, was um Sie herum vorgeht? Nein. Sie sehen nur, worauf Sie sich programmiert haben zu sehen, was Sie kennen oder erwarten. Ein Werbeslogan eines bekannten Reiseführer-Verlages lautet: Man sieht nur, was man weiß.

So ist es mit allem im Leben. Wenn wir immer nur die Nachteile in einer Sache sehen, dann deshalb, weil wir uns in Gedanken immer nur mit den Nachteilen beschäftigen. Unsere Gedanken wirken wie ein Filter, der alles aussondert, was nicht zu unserem Gedankenprogramm paßt. Das ist sehr sinnvoll und wichtig, weil wir täglich mit Millionen von Informationen bombardiert werden. Um dieser Informationsflut Herr zu werden, um nicht völlig konfus zu werden, muß unser Gehirn zwangsläufig bestimmte Informationen ausfiltern und darf sie nicht beachten. Wenn wir es trainiert haben, immer nur das Haar in der Suppe zu finden, dann "denkt" unser Gehirn quasi, daß die Vorteile nicht wichtig sind, und läßt sie unter den Tisch fallen. Es läßt dann nur die negativen Informationen durch.

Aus genau dem gleichen Grund erinnern sich Pessimisten auch nur an ihre Mißerfolge. Wenn ein Optimist und ein Pessimist gemeinsam auf einer Party sind, dann bewerten sie die Party rückblickend ganz verschieden. Der Optimist wird sich überwiegend an schöne und angenehme Dinge erinnern, der Pessimist überwiegend an Negatives. Für

den Optimisten war die Party ein voller Erfolg, für den Pessimisten ein totaler Reinfall.

Wenn wir unser Gehirn trainiert haben, immer nur die Nachteile einer Sache zu sehen, wenn wir ihm beigebracht haben, alles negativ zu bewerten, dann sehen und hören wir nur das Negative. Das ist dann so, als hätten wir eine Brille auf, die uns nur das Negative sehen läßt.

Wenn wir also ein gutes Gedankenprogramm haben, werden wir Chancen und Möglichkeiten, statt Probleme und drohende Mißerfolge sehen. Wenn wir ein negatives Gedankenprogramm haben, dann werden wir die Chancen und Möglichkeiten nicht wahrnehmen, auch wenn sie direkt vor unserer Nase liegen und wir nur zugreifen müßten.

Wenn man negativ gestimmt ist, dann ist man besonders für Negatives empfänglich; wenn man positiv gestimmt ist, dann sieht man auch mehr das Positive und man erlebt häufiger Positives.

Deshalb ist der Mißerfolg von Pessimisten ebenso vorprogrammiert wie der Erfolg von Optimisten. Optimisten sind lösungsorientiert, Pessimisten sind problemorientiert. Optimisten glauben an sich und ihre Fähigkeiten, Pessimisten zweifeln an sich und ihren Fähigkeiten. Optimisten sind "Ich kann-Denker", Pessimisten sind "Ich -kann-nicht-Denker". Optimisten führen positive Selbstgespräche: „Ich kann das. Ich schaffe das", Pessimisten führen negative Selbstgespräche: „Ich kann das nicht. Ich schaffe das nicht". Optimisten rechnen damit, zu gewinnen, Pessimisten rechnen damit, zu verlieren.

Wenn man überzeugt ist, etwas nicht erreichen zu können, dann ist es unerreichbar für einen.

In Kapitel 2 haben wir darüber gesprochen, welchen Einfluß unsere Erwartungen und Befürchtungen auf unser Verhalten und damit auf das der anderen Menschen haben. Unsere Erwartungen wirken sich jedoch nicht nur auf andere Menschen aus sondern auch auf uns selbst. Wenn wir uns für dumm und unfähig halten, dann beeinflußt dieses negative Urteil auch uns und unsere Handlungen. So geschehen in einem Experiment, das eine Lehrerin mit ihren Schülern machte.

Ein Experiment, das uns zu denken geben sollte

Diese Lehrerin teilte ihren Schülern mit, daß man aus wissenschaftlichen Untersuchunge wisse, daß blauäugige Menschen intelligenter seien als braunäugige. Sie gab den braunäugigen Schülern ein Schild mit der Aufschrift "Braunauge" und den blauäugigen ein Schild mit der Aufschrift "Blauauge". Nun, erraten Sie, was passierte? Nach einigen Monaten sanken die Leistungen der "Braunaugen" und die der "Blauaugen" stiegen. Daraufhin ging die Lehrerin in die Klasse und sagte ihren Schülern, sie habe sich geirrt. Tatsächlich seien die Braunaugen die intelligenteren Schüler. Nach einigen Monaten sanken die Leistungen der Blauaugen und die der Braunaugen stiegen.

Das Bild, das wir von uns haben, bestimmt, wie wir uns verhalten

Anerkannte Wissenschaftler behaupten, die Hummel könne nicht fliegen, da sie für ihr Körpergewicht und ihre Größe viel zu kleine Flügel habe. Die Hummel weiß das nicht und fliegt einfach darauf los.

Auch unter uns Menschen gibt es viele Hummeln, die immer wieder das "Unmögliche" möglich machen, weil sie sich nicht darum kümmern, was möglich ist oder nicht. Sie tun es einfach, weil sie es für

möglich halten, oder weil sie naiv genug sind, davon überzeugt zu sein, ihr Ziel zu erreichen.

Eine solche Hummel war Columbus. Im 14. Jahrhundert glaubten die Menschen, die Erde sei eine Scheibe. Deshalb wagten sie sich mit ihren Schiffen auch nicht weit auf das Meer hinaus, weil sie überzeugt waren, sie würden von der Scheibe herunterfallen, wenn sie sich zu weit vorwagten. Columbus dagegen hatte die - für damalige Verhältnisse - verrückte Idee, daß die Erde rund ist, und wollte das herausfinden. Alles, was er hatte, war seine Überzeugung, aber keinen Beweis.

Und wann fliegen Sie einfach darauf los?

Was möchte ich mir merken?

1. ______________________________

2. ______________________________

3. ______________________________

4. ______________________________

5. ______________________________

Vorwort zum praktischen Teil

Optimistische Menschen unterscheiden sich von pessimistischen Menschen in der Hauptsache durch ihre Geisteshaltungen und Denkweisen. Wenn Sie also lernen möchten, optimistischer zu werden, dann müssen Sie in erster Linie die Art und Weise ändern, wie Sie über sich, Ihr Leben und Ihre Zukunft denken.

In den nachfolgenden Kapiteln finden Sie deshalb vor allem Strategien, die Ihnen bei der Überwindung Ihrer pessimistischen Denkhaltung helfen sollen. Diese Strategien haben bereits vielen Menschen geholfen, optimistischer zu werden.

Auch Sie können von diesen Strategien sehr viel profitieren. Lassen Sie sich jedoch nicht täuschen. Diese Strategien werden Ihnen wahrscheinlich einleuchten, und sie werden Ihnen sehr leicht erscheinen. Spätestens aber, wenn Sie beginnen, sie umzusetzen und auf sich anzuwenden, werden Sie merken, daß sich Ihre pessimistische Denkhaltung nicht so einfach vom Tisch fegen läßt. Sie werden erleben, daß Ihr Pessimismus ganz schön hartnäckig ist.

Was Sie brauchen, um Ihre Denkgewohnheiten zu ändern, sind vor allem zwei Dinge und von beiden möglichst eine große Portion: Ausdauer und Training. Vergessen Sie das nicht, wenn Sie sich dabei ertappen, sich einzureden: „Das schaffst du nie." Dieser Pessimismus, es nicht zu schaffen, wird sich Ihnen in den Weg stellen - ganz sicher, so wahr ich Rolf Merkle heiße. Vielleicht sagen Sie sich aber auch: „So bin ich nun mal. Daran kann ich nichts ändern"? Auch diese pessimistische Haltung wird Ihnen nicht gerade helfen, sich zu ändern.

Sie können sich ändern, gleichgültig wie alt Sie sind und wie lange Sie schon pessimistisch eingestellt sind.

Warum sollten Sie in dieser Hinsicht optimistisch sein, wenn Sie sonst in vielen Bereichen pessimistisch sind? Vor Ihnen liegen Wochen und Monate des Trainings. Wenn Sie am Ball bleiben, werden Sie merken, daß Sie langsam, Stück für Stück, Fortschritte machen. Ein manches Mal werden Sie sich dabei ertappen, daß Sie statt einen Schritt nach vorne, einen nach hinten gemacht haben. Das ist in Ordnung. Das geht Ihnen so, das geht mir so, das geht allen Menschen so. Kein Mensch gelangt auf einem Weg, den er nicht kennt, geradewegs und ohne Umwege ans Ziel. Kein Grund also, die Flinte ins Korn zu werfen, auch wenn Ihr erster Impuls der ist, aufzugeben. In solchen Momenten wird Ihr alter Pessimismus zurückkehren und Sie verleiten wollen, aufzugeben, ganz nach dem Motto: „Ich hab´s ja gewußt. Das ist zu schwer für dich. Das kannst du nicht". Gerade in solchen Momenten ist es wichtig, daß Sie die Strategien der nachfolgenden Kapitel anwenden - wenn Sie optimistischer werden möchten.

Wenn alte pessimistische Denkweisen, die Sie glaubten, bereits überwunden zu haben, plötzlich wieder zurückkehren, dann ist ihr Auftreten kein Beweis dafür, daß alles umsonst war und Sie nun wieder von vorne beginnen können. Ihr neuerliches Auftreten ist im Gegenteil ein sehr gutes Zeichen. Ja, Sie haben richtig gelesen. Wenn bereits als überwunden geglaubte Denkweisen zurückkehren, dann ist das ein Anzeichen dafür, daß in diesen noch ein Funken Leben ist, den Sie jedoch sehr leicht ersticken können, wenn Sie nicht resigniert aufgeben.

Wie lange dauert es, bis ich mir eine optimistische Denkweise angewöhnt habe?

Darauf kann ich Ihnen keine verbindliche Antwort geben. Je nachdem, wie pessimistisch Sie eingestellt sind, werden Wochen vergehen, ehe Sie deutliche Fortschritte verspüren. Auch werden Sie nicht eines Tages aufwachen und plötzlich optimistisch denken, während Sie am Abend zuvor noch pessimistisch eingestellt waren.

Wenn Sie das optimistische Denken trainieren, werden Sie sich langsam, Schritt für Schritt, vom pessimistischen Denken weg- und auf das optimistische Denken hinbewegen.

Der Weg vom Pessimisten zum Optimisten

Pessimist .... Realist .... Optimist

Wenn Sie ein eingefleischter Pessimist sind, dann werden Sie nach einiger Zeit der Übung an den Punkt kommen, an dem Sie zwar noch an all das denken, was schiefgehen könnte, und an dem immer noch Ihre pessimistischen Gedanken auftauchen. Sie lassen sich durch diese Gedanken und Ihre unguten Gefühle jedoch nicht mehr lähmen, das zu tun, was Sie tun oder erreichen möchten. Man könnte sagen, daß Sie dann ein eher "nüchterner" Mensch (Realist) sind, der mögliche Gefahren sieht, der abwägt und überlegt, wie er den möglicherweise auftretenden Gefahren begegnen kann, und der gewisse Dinge wagt, wenn er bei nüchterner Betrachtung keine allzu großen Gefahren und Risiken sieht. Wenn Sie sich dann weiterhin im optimistischen Denken üben, werden Sie sich *ganz langsam* mehr und mehr in einen echten Optimisten verwandeln.

Sie werden sich also nicht von einem Pessimisten direkt in einen Optimisten verwandeln. Wenn Sie fleißig trainieren, dann werden Sie sich zunächst einmal eine eher realistische Denkweise angewöhnen. Als Realist fallen Ihnen noch die Gefahren und Katastrophen ein, die auf Sie zukommen könnten und die Ihnen auch als Pessimist schon immer eingefallen sind. Im Gegensatz zu früher lassen Sie sich jedoch durch Ihre pessimistischen Gedanken nicht mehr davon abhalten, sich Pläne zu machen und diese zu verfolgen. Sie suchen also nach Lösungen und Wegen, wie Sie trotz Ihrer pessimistischen Gedanken und trotz der vermeintlichen Fehlschläge ans Ziel kommen können.

Sie können also erst einmal nicht verhindern, daß Ihr altes pessimistisches Gedankenprogramm einsetzt. Sie können nur anders mit ihm umgehen und anders darauf reagieren. Wenn Sie das tun, d.h. weiterüben, werden Sie sich von da langsam in Richtung Optimist bewegen.

Bedenken Sie jedoch immer eines:

Auch Optimisten haben Zweifel, auch Optimisten fühlen sich mal mut- und hilflos, auch Optimisten erreichen nicht immer ihr Ziel.

Diese Phasen der Mut- und Hoffnungslosigkeit dauern bei Optimisten jedoch nie lange an.
Optimist sein heißt also nicht, immer guter Dinge sein und wie die Fettaugen immer oben auf zu schwimmen. Optimist zu sein heißt vielmehr, trotz allem, zuversichtlich zu sein und die Hoffnung auf einen guten Ausgang nie wirklich aufzugeben.

Ich drücke Ihnen ganz fest die Daumen und bin in Gedanken bei Ihnen, wenn Sie die ersten Schritte in ein neues Leben machen. Dieses Leben hält in seinen Händen für Sie viel Aufregendes und Schönes bereit, wenn Sie bereit sind, es sich zu verdienen. Die angenehmen Seiten optimistischer Menschen werden Ihnen nicht in den Schoß fallen.

Es wird sich nur etwas ändern, wenn Sie es ändern.

In diesem Sinne viel Erfolg.

- 7 -
Allgemeine Strategien zur Überwindung pessimistischer Denkweisen

Wenn Sie optimistischer werden möchten, dann müssen Sie lernen, Ihre pessimistischen Selbstgespräche durch eher realistische oder optimistische zu ersetzen. In diesem Kapitel werden wir uns deshalb damit beschäftigen, wie Ihr pessimistisches Denken Ihre Gefühle und Ihr Verhalten bestimmt, und ich zeige Ihnen, wie Sie lernen können, realistischer bzw. optimistischer zu denken.

Sie fühlen, wie Sie denken

Glauben Sie, andere könnten Ihnen Angst einjagen, Sie deprimieren oder ärgerlich machen? Glauben Sie, daß ein finanzieller Verlust oder das schlechte Wetter Sie depressiv machen können? Dann geht es Ihnen wie vielen Menschen. Sie sitzen in der Falle. Wenn Sie glauben, andere oder die Umstände könnten bestimmen, wie Sie sich fühlen, sind Sie häufig anderen Menschen und den Umständen ausgeliefert und geben denen quasi die Macht, über Ihr seelisches Befinden zu entscheiden.

Durch die Denkweise, andere oder die Umstände könnten Sie glücklich oder unglücklich machen, geben Sie Ihr Leben und Ihr Glück aus der Hand, machen Sie sich zum Opfer und haben keinen Einfluß darauf, etwas daran zu ändern. Sie sind vollkommen von anderen oder den Umständen abhängig, sind denen ausgeliefert. Dieses Gefühl des Ausgeliefertseins und Hilflosseins werden Sie als pessimistisch eingestellter Mensch nur zu gut kennen.

Eine gute Nachricht

Sie können all dem ein Ende bereiten. Sie können das Gefühl der Hilflosigkeit und des Ausgeliefertseins gegen die Gedanken „Ich

bin der Steuermann meiner Gefühle" und „Ich führe in meinem Leben selbst Regie" eintauschen. Sie können lernen, sich so zu fühlen und so zu verhalten, wie Sie möchten, unabhängig davon, was andere sagen oder tun, oder wie die Umstände sind.

Wohlgemerkt, ich sagte <lernen>. Das bedeutet, daß Sie etwas dafür tun müssen. Es wird Ihnen nicht in den Schoß fallen. Sie werden Geduld mit sich haben müssen. Sie müssen bereit sein, zu akzeptieren, daß Sie nicht auf Anhieb und beim ersten Anlauf Erfolg haben werden. Aber Sie können es schaffen, wie dies Tausende vor Ihnen auch geschafft haben. Neugierig? Dann lassen Sie uns beginnen.

Das ABC der Gefühle

Das ABC der Gefühle ist der Schlüssel, mit dem Sie sich aus der Rolle des Opfers befreien und mit dem Sie zum Steuermann Ihrer Gefühle werden können.

Nichts und niemand kann Ihre Gefühle verletzen,
Sie deprimieren oder Ihnen sonstwie schlechte
Gefühle machen. Dies kann nur ein einziger Mensch:

Sie.

Ich weiß, auf den ersten Blick klingt das möglicherweise wenig aufmunternd. Nun sollen Sie bei all Ihrem Unglück auch noch daran Schuld sein, wie Sie sich fühlen.

Doch was für ein Glück, daß dem so ist. Denn nur, wenn Sie sich selbst Ihre negativen Gefühle machen, nur dann können Sie auch etwas daran ändern. Richtig? Wenn es andererseits so wäre, daß die anderen oder die Umstände Ihnen schlechte Gefühle machen könnten, dann bliebe Ihnen doch nichts anderes übrig, als wie das Kaninchen vor der

Schlange zu sitzen und zu hoffen, daß die anderen Sie nicht „beißen". Aber das ist ja genau die Lage, in der Sie sich zur Zeit befinden, und aus der Sie sich befreien wollen, richtig?

Daß Sie sich selbst all Ihre schlechten, wie guten Gefühle machen ist also Ihre große Chance, Ihr Lebensretter. So besehen ist die Tatsache, daß Sie für Ihre Gefühle selbst verantwortlich sind, doch etwas sehr Positives, über das Sie sich freuen können. Endlich können Sie aufatmen und Hoffnung schöpfen.

Schauen wir uns einige Beispiele an, die Ihnen zeigen, was es mit diesem <Sie fühlen, wie Sie denken> auf sich hat.

Beate, eine 25-jährige Patientin kam wegen depressiver Verstimmungen in meine Praxis. Auf meine Frage, worüber sie deprimiert sei, antwortete sie: „Ich weiß auch nicht. Ich komme mir so häßlich vor". (In meinen Augen war sie eine attraktive Frau, die die Blicke der Männer auf sich lenken mußte, wo immer sie auftrat.) Also fragte ich sie, wie sie darauf käme, häßlich zu sein. „Mein Gesicht ist häßlich, vor allem meine Nase. Die ist viel zu groß. Überhaupt, meine Augen sind zu klein und meine Mundwinkel sind heruntergezogen". Wieder konnte ich an ihrer Nase oder ihren Augen nichts Auffälliges feststellen. Für mich waren sie völlig normal. Und dennoch war diese junge Frau so davon überzeugt, häßlich zu sein, daß Sie, wenn überhaupt, nur flüchtig in den Spiegel schaute und sich vor sich selbst ekelte.

Ist es verwunderlich, daß diese Frau angesichts ihrer negativen Meinung von sich deprimiert ist? Nein, sie muß sich zwangsläufig so fühlen. Würde sie sich bei diesem Bild, das sie von sich hat, gut fühlen, dann würde etwas nicht mit ihr stimmen. Sie reagierte aber gefühlsmäßig vollkommen normal, so eben, wie jemand, der von sich denkt, häßlich zu sein. Sie fühlte, wie sie dachte.

Diesen Zusammenhang zwischen unserem Denken und Fühlen bezeichnen wir als das ABC der Gefühle.

A steht für die Situation, in der Sie optimistischer sein möchten.
B steht für Ihre Gedanken, Einstellungen und Bewertungen.
C steht für Ihre Gefühle und Verhaltensweisen.

Ein Beispiel für ein ABC

Nehmen wir an, Ihr Chef kommt zu Ihnen und sagt: „Frau Müller. Sie haben die vergangenen Jahre so gute Arbeit geleistet, daß wir Sie zur Abteilungsleiterin befördern möchten".

Wie würden Sie reagieren? Wären Sie verängstigt oder würden Sie sich freuen? Wie Sie auf die bevorstehende Beförderung gefühlsmäßig reagieren, hängt davon ab, wie Sie die Worte Ihres Chefs bewerten und welche Schlußfolgerungen Sie daraus ziehen.

Wenn Sie ein Pessimist sind, dann reagieren Sie so:

A: Situation
Mein Chef kommt zu mir und sagt: „....."

B: Bewertung
Ich denke mir:
„Das kann nicht gutgehen. Bestimmt blamiere ich mich fürchterlich. Ich schaff´ das bestimmt nicht und werde meinen Chef enttäuschen. Das könnte ich nicht ertragen. Dann kann ich mich in der Firma nicht mehr blicken lassen."
(negative Bewertung)

C: Gefühl und Verhalten
habe Angst, werde unsicher, tue so, als würde ich mich freuen, gehe unsicher und halbherzig an die neue Aufgabe heran.

Wenn Sie in einer solchen Situation optimistischer reagieren möchten, dann müssen Sie zunächst einmal - quasi als Zwischenschritt - lernen, wie Sie gedanklich realistischer mit einer solchen Situation umgehen können. Hierbei helfen Ihnen die zwei Regeln für realistisches Denken.

Die zwei Regeln für realistisches Denken

1. Realistisches Denken entspricht den Tatsachen.
2. Realistisches Denken hilft, sich so zu fühlen und zu verhalten, wie Sie möchten.

Indem wir diese beiden Regeln in Fragen umformulieren, können wir sie verwenden, um unser Denken daraufhin zu überprüfen, ob es ein eher pessimistisches oder realistisches Denken ist.

1. Entspricht der Gedanke den Tatsachen?
2. Hilft mir der Gedanke, mich so zu fühlen und zu verhalten, wie ich möchte?

Entspricht ein Gedanke nicht den Tatsachen *oder* hilft er uns nicht, uns so zu fühlen und zu verhalten, wie wir es möchten, dann ist er ein pessimistischer Gedanke. Wenden wir diese beiden Fragen einmal auf die Gedanken des obigen ABCs an.

„Das kann nicht gutgehen. Bestimmt blamiere ich mich fürchterlich."
Entsprechen diese Gedanken den Tatsachen? Die Antwort ist nein, da Sie nicht in die Zukunft schauen und deshalb nicht wissen können, ob die Sache gutgehen wird oder Sie sich blamieren werden. Sie denken oder befürchten lediglich, daß es so kommen wird, haben dafür aber keine Beweise.
Helfen Ihnen diese Gedanken, sich mit guten Gefühlen in Ihre neue Aufgabe zu stürzen? Nein. Wenn Sie so negativ denken, dann machen Sie sich Angst.
Wir können also sagen, daß es sich bei diesen Gedanken um pessimistische Gedanken handelt.

„Ich schaff' das bestimmt nicht und werde meinen Chef enttäuschen. Das könnte ich nicht ertragen. Dann kann ich mich in der Firma nicht mehr blicken lassen."
Entsprechen diese Gedanken den Tatsachen? Was meinen Sie? Nein. Sie können nämlich nicht wissen, ob Sie es schaffen und Ihren Chef enttäuschen werden. Sie befürchten das nur. Auch entspricht es nicht den Tatsachen, daß Sie es nicht ertragen oder sich nicht mehr in der Firma blicken lassen könnten, wenn sich herausstellte, daß Sie der Aufgabe tatsächlich nicht gewachsen sind. Das wäre für Sie sicherlich sehr unangenehm und peinlich, aber Sie würden daran nicht sterben. Sie könnten es ertragen und weiterhin in die Firma gehen.

Helfen Ihnen diese Gedanken, sich vertrauensvoll an Ihre neue Aufgabe zu machen? Nein. Auch bei diesen Gedanken müssen Sie Angst bekommen.
Sie sehen: Bei diesen Gedanken handelt es sich ebenfalls um pessimistische Gedanken.

Die Überprüfung dieser Gedanken ergab also, daß es sich um pessimistische Gedanken handelt, da sie weder den Tatsachen entsprechen, noch Ihnen helfen, sich gut zu fühlen.

Der nächste Schritt besteht nun darin, daß Sie überlegen, welche anderen, eher realistischen Gedanken Sie an die Stelle der pessimistischen setzen können.

Ein Realist würde so denken:

A: Situation
Mein Chef kommt zu mir und sagt: „....."

B: Bewertung
Ich denke mir:
„Ich weiß nicht, ob ich dieser Aufgabe gewachsen bin. Das wird sich herausstellen. Ich gebe mein Bestes, die an mich gestellten Erwartungen zu erfüllen. Wenn ich merke, daß ich überfordert bin und der Aufgabe nicht gewachsen bin, dann ist das kein Drama. Ich habe es wenigstens versucht und habe die Chance ergriffen. Ich gebe mir die Chance, weiterzukommen. Nach einer gewissen Einarbeitungszeit werde ich ja merken, wie es mir geht und ob ich zurecht komme."

C: Gefühl und Verhalten
bin unsicher und etwas ängstlich, nehme die Herausforderung an.

Wenn Sie wie ein Realist denken würden, dann hätten Sie also immer noch Ihre Zweifel und wären sich Ihrer Sache nicht sicher. Sie würden sich aber eine Chance geben und würden zuversichtlicher an

Ihre neue Aufgabe herangehen. Sie würden sich auch Lösungen für die vermeintliche Katastrophe überlegen. Damit hätten Sie schon viel gewonnen. Schauen wir uns noch an, wie ein Optimist in einer solchen Situation reagieren würde. Bedenken Sie jedoch, daß es für Sie zunächst einmal nur darauf ankommt, in Ihrem Denken etwas realistischer zu werden.

Ein Optimist würde so reagieren:

A: Situation
Mein Chef kommt zu mir und sagt: „ .....”

B: Bewertung
Ich denke mir:
„Toll, daß mein Chef meine Leistung und mein Engagement honoriert. Wurde auch Zeit. Diese Beförderung hab´ ich verdient. Es zahlt sich eben aus, mehr zu geben, als von einem verlangt wird. Jetzt kann ich mal so richtig zeigen, was ich kann und welche Fähigkeiten noch in mir stecken.”
(positive Bewertung)

C: Gefühl und Verhalten
bin zufrieden und glücklich, krempel meine Ärmel hoch und mache mich voller Tatendrang an die Arbeit.

Sie sehen: In ein und derselben Situation können Sie verschieden reagieren. Wie Sie sich fühlen und verhalten, hängt davon ab, wie Sie die Situation sehen und einschätzen.

Wenn Sie ein Pessimist sind, dann haben Sie schon viel gewonnen, wenn Sie sich ganz bewußt darum bemühen, wie ein Realist zu denken. Wenn Sie sich in einer solchen Situation zwingen würden, wie ein Optimist zu denken, dann würden Sie sich überfordern. Da Ihnen die Denkweise eines Optimisten noch völlig fremd ist, würde sich in Ihnen alles sträuben, so zu denken, und Sie würden sehr rasch zu Ihrer pessimistischen Denkweise zurückkehren.

Deshalb empfehle ich Ihnen, wenn Sie in bestimmten Situationen optimistischer werden möchten, sich nicht gleich um 180 Grad drehen zu wollen. Versuchen Sie erst einmal, Ihre negativen und pessimistischen Selbstgespräche durch die zwei Fragen für realistisches Denken zu überprüfen und sie dann etwas realistischer zu formulieren. Wenn Ihnen das gelingt, dann sind Sie ein großes Stück weiter und Sie haben bereits viel gewonnen - Sie fühlen sich der Situation nicht mehr so hilflos ausgeliefert, da Sie einen Einfluß darauf haben, wie Sie sich fühlen. Ein Pessimist befürchtet, er werde versagen oder einen Fehlschlag erleiden, ein Realist denkt ebenfalls an einen möglichen Mißerfolg, sucht aber nach Wegen, um diesen zu vermeiden oder mit ihm umgehen zu können, ein Optimist hat nur nur den Erfolg vor Augen. Er kommt erst gar nicht auf die Idee, versagen zu können.

Worauf es mir besonders bei dem ABC der Gefühle ankommt, ist die Tatsache, daß Sie die Kontrolle über sich und Ihre Gefühle haben, daß Sie die Fähigkeit haben, sich so zu fühlen, wie Sie möchten.

Automatische Gedanken und was es mit diesen auf sich hat

Sie werden nun vielleicht einwenden, daß es Situationen gibt, in denen Sie sich schlecht fühlen, Ihnen aber überhaupt keine Gedanken durch den Kopf gehen. Sie erleben, sehen oder hören etwas und fühlen sich schlecht. Sie hatten gar keine Zeit, sich darüber Gedanken zu machen, und es ist Ihnen auch gar nicht bewußt, etwas gedacht zu haben.

Ihre Beobachtung ist völlig richtig. Es kommt tatsächlich vor, daß man sich *nicht bewußt* ist, etwas gedacht zu haben, und dennoch waren Gedanken mit im Spiel, sogenannte automatische oder unbewußte Gedanken. Was hat es damit auf sich? Wenn man etwas sehr häufig wiederholt, dann geht einem diese Handlung oder der Gedanke in Fleisch und Blut über. Sie kennen das von bestimmten Handgriffen oder Bewegungen, die Sie schon tausendmal ausgeführt haben und die Ihnen nun so leicht von der Hand gehen, daß Sie nicht mehr über sie bewußt nachdenken müssen.

Wenn wir uns etwas oft und lange genug einreden, dann läuft dieser Gedanke automatisch ab.

Wir haben dann eine Denk-Gewohnheit entwickelt. Nun werden Sie sich zu Recht fragen, wie Sie wissen sollen, was Sie sich gedacht haben, wenn Sie sich gar nicht bewußt sind, daß Ihnen ein Gedanke durch den Kopf geschossen ist. Wenn Ihnen ein Gedanke nicht bewußt ist, dann gibt es nur eines: Sie müssen in sich hineinhorchen und sich bewußt auf Ihre Gedanken konzentrieren. Je mehr Sie herauszufinden versuchen, was Ihnen gerade durch den Kopf gegangen ist, je mehr Übung Sie darin haben, umso mehr werden Ihnen unbewußte Gedanken auch wieder bewußt. Unbewußt an etwas zu denken heißt nicht, daß dieser Gedanke verschüttet ist und man ihn nicht mehr ans Tageslicht bringen kann. Unbewußt heißt nur, daß er sehr schnell und automatisch abläuft.

Ein paar Worte zu Gewohnheiten und wie man sie ablegt

Wenn man eine Gewohnheit ablegen und loswerden möchte, dann sollte man nicht versuchen, sich diese Gewohnheit abzutrainieren oder diese zu unterdrücken. Viel sinnvoller und erfolgversprechender ist es, diese Gewohnheit durch ein anderes, neues Verhalten zu ersetzen.

Nehmen wir das Beispiel Rauchen. Wenn Sie sich das Rauchen abgewöhnen wollen, dann ist es sehr wichtig, daß Sie immer dann, wenn Sie das Verlangen nach einer Zigarette haben, statt zu rauchen, etwas anderes tun. Wenn Sie nach dem Essen das Verlangen nach einer Zigarette haben, dann hilft es nicht viel, wenn Sie versuchen, das Verlangen zu unterdrücken und sich zu sagen „Ich will nicht mehr rauchen". Sehr viel hilfreicher ist es, wenn Sie nach dem Essen aufstehen und etwas tun, was Sie ablenkt, z.B. einen kleinen Spaziergang machen, eine Denkaufgabe lösen oder eine Unterhaltung führen.

So ist es auch, wenn Sie sich Ihre pessimistische Denkgewohnheit abgewöhnen möchten. Es wäre wenig hilfreich für Sie, wenn Sie sich sagen würden „Ich will positiver denken" oder „Ich darf nicht mehr so pessimistisch denken". Viel besser ist es, wenn Sie stattdessen beginnen, so zu denken, wie z.B. ein Realist denken würde. Sie würden also Ihre pessimistischen Selbstgespräche jedes Mal, wenn sie auftauchen, durch eher realistische ersetzen. Wenn Sie Ihre pessimistischen Selbstgespräche *konsequent, d.h. jedes Mal wenn sie auftauchen,*

durch realistische ersetzen, dann werden Sie mit der Zeit in der realistischen Denkweise eine Gewohnheit entwickeln, und Sie werden Ihre alte Angewohnheit, nämlich pessimistisch zu denken, ablegen.

Erwarten Sie jedoch nicht, daß Sie nach zehnmaligem Ersetzen Ihrer pessimistischen Selbstgespräche durch eher realistische Ihre pessimistische Sichtweise aufgegeben und in der realistischen Sichtweise bereits eine Gewohnheit entwickelt haben. Das wäre eine zu optimistische (!) Erwartung. Eine realistische Erwartung wäre, daß Sie nach einigen Wochen merken, daß Ihre pessimistischen Selbstgespräche in einer bestimmten Situation immer seltener werden und Sie immer öfter realistische Selbstgespräche führen. Sie werden sich immer wieder bei Ihrem alten pessimistischen Denkprogramm ertappen - an manchen Tagen mehr, an anderen weniger. Schließlich läuft dieses Programm schon über Jahre oder gar Jahrzehnte und es wäre wirklich unrealistisch, wenn Sie ein solch eingespieltes und zur Gewohnheit gewordenes Programm nach wenigen Tagen und dann für immer los wären.

Woran Sie immer denken sollten

Es ist ganz normal, daß man - auch nach Wochen und Monaten des Trainings - immer wieder in das alte Programm zurückfällt bzw. das alte Programm in einer bestimmten Situation die Oberhand hat. Es ist schon ein Fortschritt, wenn es Ihnen öfter als früher gelingt, Ihre pessimistische Sichtweise durch eine eher realistische zu ersetzen. Und es ist bereits ein Fortschritt, wenn Sie sich weniger ängstlich und weniger hilflos fühlen als früher.

Vorstellungsübungen als ein Weg, Ihre pessimistischen Selbstgespräche durch realistische zu ersetzen

Wenn Sie sich eine realistische Denkweise - als Zwischenstation zu einer optimistischen Sichtweise - angewöhnen wollen, dann müssen Sie diese trainieren. Als sehr hilfreich haben sich hierbei Vorstellungsübungen erwiesen. Diese sind eine geistige Form der Übung, bei der Sie sich im Geiste vorstellen, wie Sie in einer bestimmten Situation denken, fühlen und handeln wollen.

Vorstellungsübungen sind im Grunde genommen nichts Neues für Sie. Sie praktizieren diese Form der Übung schon, seit Sie denken können. Immer dann, wenn Sie sich ein unerfreuliches und unangenehmes Ereignis ins Gedächtnis rufen und sich dabei pessimistische Gedanken machen, üben Sie im Geiste und halten dadurch die Erinnerung und die damit verbundenen negativen Gefühle wach. Immer dann, wenn Sie sich etwas Schlimmes für die Zukunft ausmalen und sich Sorgen machen, machen Sie Vorstellungsübungen. Sie erleben dann genau dieselben Gefühle, als wenn Sie das Schlimme gerade erlebten. Unser Gehirn bemerkt nicht den Unterschied, ob Sie sich etwas nur vorstellen (einbilden), oder ob Sie es tatsächlich erleben. Hierzu ein kleines Experiment.

Ein kleines Experiment

Stellen Sie sich vor, Sie halten eine wunderschöne gelbe Zitrone in Ihren Händen. Versuchen Sie sich dies so bildhaft und lebendig wie nur möglich vorzustellen. Nun riechen Sie einmal an der Zitrone in Ihrer Hand. Stellen Sie sich vor, wie die Zitrone leicht säuerlich riecht.
Stellen Sie sich weiter vor, Sie nehmen diese saftige Zitrone und schneiden sie in zwei Hälften. Nehmen Sie die eine Hälfte und riechen wieder daran. Nun riechen Sie schon deutlicher und intensiver das Säuerliche. Und nun nehmen Sie die Zitrone und beißen herzhaft in sie hinein.

Wenn Sie sich das Ganze bildhaft vorgestellt haben, dann sind zwei Dinge passiert:
1. Sie haben Ihr Gesicht verzogen und
2. Ihr Mund hat mehr Speichel produziert.

Sie sehen: Alleine die Vorstellung, in eine Zitrone zu beißen, reicht aus, um genauso zu reagieren, als hätten Sie tatsächlich in eine Zitrone gebissen.

Die praktische Anwendung von Vorstellungsübungen (VÜ)

Die Durchführung von VÜ besteht aus 2 Schritten:

1. einer Entspannungsübung und
2. der eigentlichen VÜ.

Es hat sich bei vielen Menschen bewährt, sich vor der VÜ zu entspannen. Die Form der Entspannung, die ich Ihnen vorstellen möchte, ist sehr einfach erlernbar. Sie kann Ihnen helfen, in manch brenzliger Lebenslage einen kühlen Kopf zu bewahren. Mit ihrer Hilfe können Sie in wenigen Minuten Anspannung und Nervosität beseitigen.

Entspannungsanweisung

Atmen Sie etwas tiefer ein, als Sie das gewöhnlich tun. Dann atmen Sie in *einer* Bewegung wieder aus, *ohne* den Atem nach dem Einatmen anzuhalten. Wenn Sie ausgeatmet haben, halten Sie Ihren Atem für ca. 6 bis 10 Sekunden an. Finden Sie selbst heraus, welche Zeit für Sie am angenehmsten ist. Zählen Sie in Gedanken von 1001 bis 1006 oder 1010.
Nachdem Sie den Atem angehalten haben, atmen Sie wieder ein, atmen in einer Bewegung wieder aus, ohne den Atem anzuhalten, und halten ihn dann für weitere 6 bis 10 Sekunden an.
Wiederholen Sie diese Atemübung für 2 bis 3 Minuten bzw. solange, bis Sie deutlich entspannter und ruhiger sind.

Wenn Sie entspannt sind, können Sie mit der Vorstellungsübung beginnen.

1. Versetzen Sie sich so gut, wie es Ihnen gelingt, in die Situation, in der Sie realistisch bzw. optimistisch denken möchten. Versuchen Sie, sich ein Bild mit all den Personen und Gegenständen zu machen, die in der Realität in einer solchen Situation auch vorhanden sind. So könnten Sie sich bei unserem Beispiel mit der Beförderung vorstellen, daß Sie an Ihrem neuen Arbeitsplatz sitzen.

2. Nun sagen Sie sich Ihre realistischen Gedanken, die Sie trainieren möchten.

Ihre Vorstellungsübung hat also 2 Teile:

1. Ich bin ... (Hier stellen Sie sich die Situation vor).
2. Ich bleibe ruhig, indem ich denke ...
   Sagen Sie sich Ihre realistische Alternative und sehen Sie, wie Sie sich wohlfühlen.

Machen Sie eine VÜ von derselben Situation mindestens *drei bis vier Male täglich* eine Woche lang.

Sie bestimmen das Tempo Ihrer Fortschritte. Je mehr Sie üben, umso schneller haben Sie Erfolg.

Beispiel für eine Vorstellungsübung

Nehmen wir obiges Beispiel mit Ihrer Beförderung zur Abteilungsleiterin nochmals zur Hand. Sie haben Ihre Gedanken mit Hilfe der beiden Fragen für pessimistisches Denken überprüft und haben eher realistische Gedanken formuliert, die Sie an die Stelle Ihrer pessimistischen setzen können. Sie entspannen sich mit Hilfe der kleinen Atemübung und beginnen die Vorstellungsübung.

1. Sie stellen sich vor, daß Sie Abteilungsleiterin und an Ihrem neuen Arbeitsplatz sind.

2. Sie sagen sich: Ich bleibe ruhig, indem ich denke:

   „Ich weiß nicht, ob ich dieser Aufgabe gewachsen bin. Das wird sich herausstellen. Ich gebe mein Bestes, die an mich gestellten Erwartungen zu erfüllen. Wenn ich merke, daß ich überfordert bin und der Aufgabe nicht gewachsen bin, dann ist das kein Drama. Ich habe es wenigstens versucht und habe die Chance ergriffen. Ich gebe mir die Chance, weiterzukommen. Nach einer gewissen Einar-

beitungszeit werde ich ja merken, wie es mir geht und ob ich zurecht komme."

Je öfter Sie diese Situation in Gedanken durchspielen und je öfter Sie in ihr Ihre realistischen Selbstgespräche führen, umso ruhiger und gelassener werden Sie und umso mehr Zutrauen haben Sie.

„Ist die Vorstellungsübung nicht nur ein <so tun, als ob>?"

Nein. Die VÜ ist ein einfacher, aber sehr wirksamer Weg, wie Sie lernen können, realistischer bzw. optimistischer zu denken. Sie hilft Ihnen, Ihre neuen realistischen Selbstgespräche zur Gewohnheit werden zu lassen.

Auch wenn Ihnen dieses bewußte Üben in der Vorstellung am Anfang künstlich vorkommt, so ist diese Möglichkeit doch der schnellste Weg, um eingefahrene negative Denk- und Gefühlsgewohnheiten durch positive zu ersetzen.

Fassen wir zusammen

1.

Wenn Sie lernen möchten, realistischer bzw. optimistischer zu denken, dann müssen Sie Ihre pessimistischen Selbstgespräche durch realistische bzw. optimistische ersetzen. Lernen Sie, Ihre Gedanken gezielt einzusetzen und zu kontrollieren. Sie können entweder der Kapitän Ihrer Gedanken sein oder deren Gefangener. Kontrollieren Sie Ihre Gedanken oder Sie werden von ihnen beherrscht und fühlen sich dann als Opfer.

2.

Erstellen Sie ein schriftliches (!) ABC von der Situation, in der Sie realistischer bzw. optimistischer denken möchten, und überprüfen Sie Ihre Gedanken mit Hilfe der zwei Fragen für realistisches Denken.

3.

Formulieren Sie nun schriftlich (!) ein realistisches Selbstgespräch, das Sie an die Stelle des pessimistischen Selbstgesprächs setzen wollen.

4.

Machen Sie Vorstellungsübungen, in denen Sie sich in die Situation versetzen, in der Sie realistischer denken möchten, und führen Sie in der Vorstellung die realistischen Selbstgespräche.

Stolpersteine auf dem Weg zu einer realistischen Denkweise

Wenn Sie Ihre pessimistische Sichtweise aufgeben und durch eine realistische ersetzen wollen, wenn Sie also lernen möchten, umzudenken, dann machen Sie eine verwirrende Erfahrung, auf die ich Sie nun vorbereiten möchte.

Nehmen wir an, Sie bekommen in Ihrer Firma ein neues Aufgabengebiet übertragen, in dem Sie sich nicht auskennen. Als Pessimist würden Sie sich vielleicht zuerst denken: „Wer weiß, ob ich dieser Aufgabe überhaupt gewachsen bin. Was ist, wenn ich versage? Dann könnte ich mich nicht mehr in der Firma blicken lassen. Ich könnte das nicht ertragen".

Da Sie lernen möchten umzudenken, sprich vom pessimistischen zunächst auf das realistische Denken umzuschwenken, würden Sie sich vielleicht sagen: „Ich weiß nicht, ob ich dieser Aufgabe gewachsen bin. Das wird sich herausstellen. Ich gebe mein Bestes, die an mich gestellten Erwartungen zu erfüllen. Wenn ich merke, daß ich überfordert bin und der Aufgabe nicht gewachsen bin, dann ist das kein Drama. Ich habe es wenigstens versucht und habe die Chance ergriffen. Ich gebe mir die Chance, weiterzukommen. Nach einer gewissen Einarbeitungszeit werde ich ja merken, wie es mir geht und ob ich zurecht komme."

Wenn Sie in dieser Situation wie ein realistisch eingestellter Mensch denken würden, dann würden Sie sich deshalb noch lange nicht so fühlen wie ein Realist. Im Gegenteil. Sie hätten das verflixte Gefühl,

sich etwas einzureden. Es käme Ihnen so vor, als würden Sie sich etwas in die Tasche lügen, als würden Sie sich etwas einreden, wovon Sie nicht überzeugt sind - und Sie hätten damit vollkommen recht. Tatsächlich wären Sie von Ihren neuen realistischen Selbstgesprächen noch nicht (!) überzeugt. Sie hätten immer noch Angst vor der neuen Situation. Sie würden eine Erfahrung machen, die jeder macht, der lernen möchte, umzudenken.

Deshalb möchte ich Ihnen kurz aufzeigen, was alles passiert, wenn man lernen möchte, umzudenken. Ich stelle Ihnen die 5 Phasen des Umdenkens vor, die jeder durchläuft, der sich von einer alten Denk-Gewohnheit trennen und diese durch eine neue ersetzen will.

Die 5 Phasen des Umlernens

Die erste Stufe: Theoretische Einsicht

Dies ist die einfachste Stufe. Sie sehen ein oder wissen, daß Sie sich durch bestimmte pessimistische Gedanken in Angst versetzen und sich unsicher machen. Sie wissen auch, durch welche hilfreichen oder optimistischen Gedanken Sie Ihre pessimistischen Gedanken ersetzen können. Theoretisch ist Ihnen also alles klar.

Nehmen wir nochmals obige Gedanken zuhand, die Ihnen in Anbetracht einer neuen Aufgabe in den Sinn kommen könnten.

Gedanken: „Das kann nicht gutgehen. Bestimmt blamiere ich mich fürchterlich. Ich schaff´ das bestimmt nicht und werde meinen Chef enttäuschen. Das könnte ich nicht ertragen. Dann kann ich mich in der Firma nicht mehr blicken lassen."

Sie wissen nun, daß Ihre pessimistischen Gedanken zwangsläufig dazu führen müssen, daß Sie Angst bekommen und unsicher werden, und daß es Ihnen bei solchen Gedanken unmöglich ist, zuversichtlich an Ihre neuen Aufgaben heranzugehen. Sie würden sich also sagen:

Gedanken: „Ich weiß nicht, ob ich dieser Aufgabe gewachsen bin. Das wird sich herausstellen. Ich gebe mein Bestes, die an mich gestellten Erwartungen zu erfüllen. Wenn ich merke, daß ich überfordert bin und der Aufgabe nicht gewachsen bin, dann ist das kein Drama. Ich habe es wenigstens versucht und habe die Chance ergriffen. Ich gebe mir die Chance, weiterzukommen. Nach einer gewissen Einarbeitungszeit werde ich ja merken, wie es mir geht und ob ich zurecht komme."

Sie kennen also Ihre pessimistischen Gedanken und wissen, welche hilfreichen bzw. realistischen Gedanken Sie diesen entgegensetzen könnten. Dies ist die 1. Stufe.

2. Stufe:
Übung

In dieser Stufe geht es nun darum, daß Sie Ihre neuen und als hilfreich erkannten Gedanken einüben. Konkret bedeutet das, daß Sie sich diese immer wieder vorsagen, d.h. üben. Wenn Sie das tun, dann kommen Sie sofort in die 3. Stufe, die ihre Tücken hat, und in der das ganze Umdenken scheitern kann.

3. Stufe:
Widerspruch zwischen Kopf und Bauch

Sie werden das Gefühl haben, sich etwas einzureden, sich etwas in die Tasche zu lügen oder sich selbst zu bescheißen. Sie verspüren immer noch die gleiche Angst und Unsicherheit und haben immer noch das Gefühl, es nicht schaffen zu können, und gleichzeitig "reden" Sie sich ein, daß Sie es schaffen werden.

Zugegeben, eine lästige, aber unvermeidliche Situation, wenn Sie lernen möchten, Ihre pessimistische Denkweise abzulegen. Um diesen Konflikt zwischen Kopf und Bauch kommen Sie nicht herum, wenn Sie lernen möchten, umzudenken. Durch diese Stufe müssen Sie durch, mit diesem Konflikt müssen Sie eine gewisse Zeit leben. Sie

müssen sich dennoch weiter Ihre neuen realistischen Gedanken vorsagen. Wenn Sie das tun, kommen Sie in die vierte Stufe.

Wenn Patienten in der Therapie auf dieser Stufe des Umlernens sind, verwende ich viel Zeit darauf, mit ihnen über diesen Konflikt zu sprechen. Viele Menschen meinen nämlich, es sei blödsinnig, sich etwas einzureden, das man gefühlsmäßig ablehne, oder dem man gefühlsmäßig nicht zustimmen kann. Sie wollen damit ausdrücken, daß man nur solche Dinge annehmen kann und soll, denen man innerlich zustimmt. Auf seinen Verstand zu hören sei kopflastig.

Wenn Sie auch dieser Meinung sind, lassen Sie sich einmal folgende Situation durch den Kopf gehen. Sind Sie schon einmal in England autogefahren? Wenn ja, dann haben Sie am eigenen Leib erfahren, was es heißt, umzudenken. Wenn Sie in England links fahren, dann werden Sie die ersten Kilometer das ungute Gefühl nicht los, daß Sie sich auf der falschen Straßenseite befinden. Vom Verstand her wissen Sie jedoch genau, daß es vollkommen richtig, ja, geradezu lebenserhaltend ist, wenn Sie links fahren. Kopf und Bauch gehen also auseinander. Wenn Sie in England, ohne sich oder andere zu gefährden, autofahren wollen, dann müssen Sie auf Ihren Verstand hören, der Ihnen sagt, daß es richtig ist, links zu fahren, und Sie müssen Ihr Gefühl ignorieren, das Ihnen sagt: „Fahr´ rechts, du bist falsch". Niemand käme hier auf die Idee, zu sagen, es sei kopflastig oder blödsinnig, auf seinen Verstand zu hören. Im Gegenteil.

In bestimmten Situationen ist es sehr klug, auf seinen Verstand zu hören und sein Gefühl nicht zu beachten. Das Rechtsfahren ist eine Gewohnheit. Sie kann nur abgelegt und durch eine neue (das Linksfahren) ersetzt werden, wenn man sie bewußt verändert und dabei in Kauf nimmt, daß man die erste Zeit ein ungutes Gefühl hat. So verhält es sich auch mit der Gewohnheit, pessimistisch zu denken. Diese Gewohnheit können Sie nur ablegen, wenn Sie bereit sind, für einige Zeit das Gefühl in Kauf zu nehmen, daß Sie sich etwas einreden, dem Sie gefühlsmäßig (noch!) nicht zustimmen können.

4. Stufe: Kopf und Bauch stimmen überein

Sie haben es geschafft. Herzlichen Glückwunsch. Sie fühlen sich so, wie Sie denken. Sie haben nicht länger das Gefühl, sich etwas einzureden oder vorzumachen. Sie sich sagen, daß Sie der Aufgabe gewachsen sind, und gefühlsmäßig macht sich bei Ihnen kein Widerstand bemerkbar. Sie fühlen so, wie Sie denken. Nun heißt es, noch die letzte Stufe zu erklimmen.

5. Stufe: Neue Gewohnheit

Diese Stufe erreichen Sie, wenn Sie Ihre neuen realistischen Gedanken weitertrainieren, bis sie Ihnen in Fleisch und Blut übergegangen sind. In dieser Stufe denken Sie automatisch so, wie es für Sie gut ist, und das Gefühl, sich etwas vorzumachen, ist völlig verschwunden.

Jeder Mensch - also auch Sie - muß diese 5 Stufen durchlaufen, wenn er eingefahrene Denk-, Gefühls- und Verhaltensweisen verändern möchte. Sie können keine dieser Stufen überspringen. Veränderungen gehen eben nur Schritt-für-Schritt vor sich. Wenn Sie sich erst einmal das realistische Denken angeeignet haben, dann können Sie sich auf den Weg zum optimistischen Denken machen.

Was Sie noch beachten sollten

Auf dem Weg zu einer realistischen Denkweise wird sich Ihr altes pessimistisches Gedankenprogramm *immer wieder* zu Wort melden und Ihr Bestreben, umzudenken, in Frage stellen. Eine innere Stimme wird Ihnen sagen: „Das klappt doch nicht. Das kriegst Du nie hin, anders zu denken. Du bist eben ein pessimistischer Mensch und daran kannst Du nichts ändern. Gib Dir also keine Mühe". Machen Sie sich, *sooft* diese innere Stimme auftaucht, klar: „Ich bin nicht als Pessimist auf die Welt gekommen, also kann ich lernen, optimistischer an die Dinge heranzugehen. Das wird mir nicht von heute auf morgen gelingen. Ich werde

mich die nächsten Wochen und Monate darum bemühen, realistischer zu denken, und dann werde ich ja sehen, ob ich Fortschritte mache. Wenn es anderen Menschen gelingt, warum soll es mir nicht auch gelingen?"

Ein sehr häufiger Einwand

„Ich hätte doch keine Angst, der Aufgabe nicht gewachsen zu sein, wenn meine Angst unbegründet wäre. Da muß doch was dran sein. Ich hab´ doch nicht grundlos Angst."

Meine Antwort darauf ist:

Sie haben vollkommen recht. Sie haben nicht grundlos Angst. Daß Sie jedoch Angst verspüren, hat nichts damit zu tun, daß Sie tatsächlich der Aufgabe nicht gewachsen wären, sondern nur damit, daß Sie *denken,* Sie seien der Aufgabe nicht gewachsen und befürchten, daß das schlimme Folgen haben werde. Sie fühlen, wie Sie denken. Nehmen Sie Ihre Angst, überhaupt jedes andere Gefühl, nicht als Beweis dafür, daß dem so ist, wie Sie sich fühlen. Ihre Angst ist nur die Folge Ihres Denkens und nicht der Situation.

Ihre Gefühle sagen nichts über die Wirklichkeit aus, sondern nur darüber, wie Sie denken.

Abschließend möchte ich Ihnen noch drei Verhaltensweisen optimistischer Menschen vorstellen, die Sie - auch wenn Sie von deren Denkweise noch sehr weit entfernt sind - im Alltag mit Erfolg einsetzen können. Machen Sie von ihnen jeden Tag Gebrauch - und das solange, bis sie Ihnen in Fleisch und Blut übergegangen sind. Sie wissen ja: Übung macht den Meister.

3 Alltagsstrategien von Optimisten

1.
Optimisten suchen die Gesellschaft anderer Optimisten und meiden die Gesellschaft von Pessimisten

Diese Angewohnheit optimistischer Menschen ist für Sie, der Sie ein Anfänger im optimistischen Denken sind, ganz besonders wichtig, da Sie sich durch die negativen Äußerungen anderer sehr viel mehr anstecken und beeinflussen lassen als ein im optimistischen Denken geübter Mensch. Je mehr Sie pessimistisch eingestellten Menschen Gehör schenken, umso mehr geht Ihre Stimmung in den Keller und umso mehr stimmen Sie in das Klagelied der anderen ein.

Halten Sie sich deshalb von Menschen fern, die permanent nur klagen, sich darüber äußern, warum etwas nicht gutgehen kann, oder sich über die Ungerechtigkeiten, die ihnen widerfahren, beschweren. Wenn es sich nicht vermeiden läßt, mit solchen Menschen zusammenzukommen, dann versuchen Sie, das Gespräch auf ein anderes Thema zu bringen oder, noch besser, nutzen Sie diese Chance, sich im optimistischen Denken zu üben, indem Sie die Strategien anwenden, die ich Ihnen noch vorstellen werde. Wenn ich in einer Diskussion bin, in der es nur um Probleme geht, dann werfe ich an einem bestimmten Punkt die Frage in den Raum: „Und was gibt es an Erfreulichem und Positivem?".

Natürlich sollten auch Sie aufhören, bei jeder Gelegenheit zu klagen oder sich über wenig Erfreuliches zu unterhalten. Gewöhnen Sie sich an, wenn Sie mit anderen zusammen sind, mehr positive und optimistische Äußerungen zu machen als pessimistische.

2.
Reagieren Sie positiv auf die Frage anderer "Wie geht´s?"

Was sagen Sie, wenn sich jemand bei der Begrüßung nach Ihrem Befinden erkundigt? Reagieren Sie, wie die meisten Menschen, indem Sie

antworten „Es geht" oder antworten Sie gar „Nicht so gut"? Gewöhnen Sie sich an, auf die Frage nach Ihrem Befinden zu antworten „Danke, sehr gut" oder „Bestens".

„Auch dann, wenn es mir gar nicht gutgeht?"

Jawohl, auch wenn es Ihnen nicht gutgeht - gerade dann. Sie werden nun einwenden, daß Sie sich und andere damit doch belügen oder sich etwas vormachen, und damit haben Sie gar nicht so unrecht - aber es hilft Ihnen. Je mehr Sie sich in Gedanken und in Gesprächen mit anderen mit Ihrem schlechten Befinden beschäftigen, umso schlechter geht es Ihnen. Sie tun sich keinen Gefallen, wenn Sie über Schmerzen oder ein schlechtes Befinden klagen. Dadurch verschlimmern Sie Ihre Beschwerden nur noch, weil Sie sich auf diese konzentrieren. Und wenn der andere in Ihr Klagelied einstimmt, dann ziehen Sie sich beide noch tiefer hinunter.

Ich habe mir angewöhnt, immer mit „Sehr gut" zu antworten und eine optimistische und gutgelaunte Mine aufzusetzen, auch wenn es mir nicht so gutgeht. Je öfter ich mir "einrede", mir ginge es gut, je mehr ich so tue, als sei alles in Ordnung, umso besser geht es mir, zumindest geht es mir aber nicht schlechter. Wenn ein Schauspieler eine lebenslustige und lustige Rolle spielt, wenn er also so tut, als habe er sehr viel Spaß und er viel lacht, dann wird er sich auch gut gelaunt fühlen. Wir können unser seelisches Befinden also dadurch steigern, daß wir so tun, als seien wir guter Dinge.

Probieren Sie es aus und erleben, wie es Ihnen dabei geht. Ihr Gefühl, sich etwas vorzumachen oder sich zu belügen - das wissen Sie ja bereits - müssen Sie in diesem Moment ignorieren.

3.
Optimisten versuchen das Beste aus unangenehmen Situationen zu machen, die sie nicht vermeiden können

Wie reagieren Sie, wenn Sie in einen Stau geraten? Wie verhalten Sie sich, wenn der Zug 1 Stunde Verspätung hat? Wir alle kommen immer wieder in Situationen, gegen die wir uns nicht wehren und die wir nicht

ändern können. In solchen Situationen können wir nur bestimmen, wie wir mit ihnen umgehen wollen.

Wenn Optimisten in einen Stau geraten, dann nutzen sie die Zeit, um vielleicht ein Buch zu lesen, das sie schon immer lesen wollten - und das sie natürlich für solche Gelegenheiten immer bei sich führen. Oder Sie hören eine Sprachkassette, die sie immer bei sich führen. Eines tun sie auf jeden Fall nicht: Sie regen sich nicht darüber auf, daß sie im Stau stecken. Sie nutzen die Zeit sinnvoll oder entspannen sich.

Ein sicherlich extremes Beispiel dafür, wie man aus einer Situation, aus der man sich nicht befreien kann, das Beste machen kann, ist der Arzt Paul Dieppe. Er war in Kuweit in Gefangenschaft. Während seiner viermonatigen Gefangenschaft schrieb er ein Buch über rheumatische Erkrankungen.

Überlegen Sie einmal, ob Sie mehr oder weniger regelmäßig in Situationen kommen, die Sie nicht ändern oder vermeiden können, in denen Sie lediglich lernen können, anders zu reagieren. Vielleicht sind Sie viel mit dem Wagen unterwegs, kommen öfters in Verkehrsstaus. Legen Sie sich einen Einsatzplan für den nächsten Stau zurecht. Was werden Sie tun? Womit werden Sie sich die Zeit vertreiben? Dem Stau ist es egal, ob Sie sich aufregen, oder ob Sie es sich gutgehen lassen. Er löst sich auf, wenn die Zeit dafür da ist.

Im nächsten Kapitel wollen wir uns die am häufigsten verbreiteten Formen pessimistischen Denkens anschauen. Doch zuvor notieren Sie sich bitte, was Sie sich von diesem Kapitel merken möchten.

Was möchte ich mir merken?

1. ______________________________

2. ______________________________

3. ______________________________

4. ______________________________

5. ______________________________

- 8 -
Formen pessimistischen Denkens

Im vorangegangenen Kapitel haben wir uns mit dem Zusammenhang zwischen Ihren pessimistischen Selbstgesprächen und Ihren Gefühlen beschäftigt. Sie wissen, daß Sie so fühlen, wie Sie denken. Wenn Sie sich pessimistische Gedanken machen, dann müssen Sie sich zwangsläufig auch hilflos und deprimiert fühlen.

Damit es Ihnen leichter fällt, Ihre pessimistischen Gedanken zu entlarven, möchte ich Ihnen nun die wichtigsten Arten pessimistischen Denkens vorstellen.

1. *Alles-oder-Nichts-Denken*
Sie denken in Extremen. Entweder ist etwas gut oder schlecht, schön oder häßlich, wertvoll oder wertlos, schwarz oder weiß. Entweder wird etwas ein voller Erfolg oder eine Katastrophe. Das Wort Mittelmaß oder Durchschnitt kennen Sie nicht. In Ihren Augen sind Sie entweder ein Heiliger oder der Satan in Person, entweder ein Versager oder ein Sieger, ein Held oder eine Memme.

Sie reden sich ein, daß es nur *einen* richtigen Weg gibt, eine Sache anzupacken und zu erledigen. Wählen Sie einen anderen Weg, dann kann dieser nur falsch sein. Sie sagen sich: „Entweder du bestehst die Prüfung oder deine Zukunft ist ruiniert", „Entweder du bekommst diesen Job oder du bekommst nie mehr einen", „Wenn du dieses Mal versagst, dann wirst du es nie zu etwas bringen", „Du hast nur diese eine Chance. Wenn du sie nicht nutzt, dann kannst du dich gleich begraben lassen", „Du hast nur einen Anlauf. Wenn du die Sache verpatzt, dann wirst du nie mehr eine solche Chance bekommen". Sie denken also, es gehe um Alles oder Nichts, um Leben und Tod.

Da wir Menschen nicht perfekt sind und deshalb häufig Fehler machen, versetzen wir uns durch diese Schwarz-Weiß-Malerei in große Angst und Panik. Wenn wir glauben, daß es nur einen richtigen Weg

gibt, eine Sache anzupacken, oder daß wir nur einen Versuch haben, daß es also um Alles oder Nichts geht, dann geraten wir in große Bedrängnis, da wir wissen, daß wir nicht unfehlbar sind. Je größer unsere Angst jedoch ist, auf der Verliererseite zu stehen, umso wahrscheinlicher ist es, daß wir versagen. Aus lauter Angst, das Falsche zu tun oder zu versagen, sind wir so nervös und unkonzentriert, daß wir erst recht einen Fehler machen.

Was Sie gegen das Alles-oder-Nichts-Denken unternehmen können

Wenn Sie sich bei der Schwarz-Weiß-Malerei erwischen, dann stellen Sie sich die Frage: „Entspricht das den Tatsachen?", „Ist das wahr?".

Wenn Sie sich z.B. sagen, daß Sie versagen werden, dann fragen Sie sich: „Entspricht das den Tatsachen, daß ich versagen werde"? Wenn Sie ehrlich sind, dann müssen Sie diese Frage mit nein beantworten. Sie können nicht in die Zukunft schauen und können deshalb auch nicht wissen, ob Sie eine Sache mit Erfolg abschließen.

Wenn Sie zu sich wirklich ehrlich sind, dann müssen Sie zugeben, daß Ihnen gewisse Dinge in der Vergangenheit auch gelungen sind. Halten Sie sich das vor Augen. Sagen Sie sich: „Nur weil ich in der Vergangenheit das eine oder andere Mal versagt habe, heißt das nicht, daß ich immer versagen werde. Ich gebe mir eine Chance und packe die Sache an. Dann wird sich ja zeigen, wie die Sache ausgeht." Ersetzen Sie Ihr Alles-oder-Nichts-Denken also durch einen realistischen Gedanken.

2. *Übertriebene Verallgemeinerung*

Einmal Pech und Sie werden *immer* Pech haben, *einmal* versagen und Sie werden *immer* versagen. Diese pessimistische Form des Denkens ist sehr wirksam, um Sie daran zu hindern, einen zweiten oder dritten Versuch zu unternehmen. Sie nehmen ein Ereignis oder ein Verhalten von sich zum Anlaß, um daraus eine allgemeingültige Regel abzuleiten, die für alle Zukunft Gültigkeit haben soll.

Wenn Sie bei einem Kunden keine Versicherung verkauft haben,

dann, so denken Sie, werde Ihnen das bei *allen* anderen Kunden auch passieren, und deshalb mache es überhaupt keinen Sinn, andere Kunden anzurufen oder zu besuchen. Wenn Sie sich um eine Stelle beworben haben und nicht genommen wurden, dann reden Sie sich ein, daß Sie *nie* eine Stelle bekommen werden. Wenn Sie etwas vergessen, dann bilden Sie sich ein, daß Sie *immer alles* vergessen. Wenn Ihnen jemand sagt, daß er Ihr Verhalten seltsam oder merkwürdig findet, dann denken Sie, daß dies kein Einzelfall ist und jeder so über Sie denkt. Wenn Sie wegen zu hoher Geschwindigkeit einen Strafzettel bekommen, dann denken Sie, daß *nur Ihnen* so etwas passiert und nur Sie wieder mal der Dumme sind.

Sie ertappen sich vielleicht auch dabei, daß Sie über sich, Ihr Äußeres, Ihre Beziehungen, Ihr Verhalten und andere Aspekte Ihres Lebens pauschale Urteile fällen: „Dein Leben ist ein einziges Desaster", „Du machst nur Mist", „Du wirst nie einen Partner finden", „Dein Haushalt ist ein einziges Chaos".

Was Sie gegen die übertriebene Verallgemeinerung tun können

Auch hier können Sie sich wieder die Frage stellen: „Stimmt das?". Wenn Sie sich dabei ertappen, daß Sie sich einreden, Sie würden nun *immer* versagen, weil Sie einmal versagt haben, kein Kunde werde bei Ihnen kaufen, weil einer oder auch mehrere nicht gekauft haben, dann fragen Sie sich: „Stimmt das?". Auch hier müssen Sie sich, wenn Sie ehrlich zu sich sind, antworten: „Ich kann nicht in die Zukunft schauen und vorhersagen, was passieren wird. Deshalb kann ich auch nicht wissen, ob ich das nächste Mal versagen werde. Das ist reine Spekulation, und da das reine Spekulation ist, werde ich die Sache jetzt in Angriff nehmen und sehen, wie sie ausgeht".

3. *Untertreibung und Leugnung des Positiven*

Wenn Sie ein eingefleischter Pessimist sind, dann verstehen Sie es meisterhaft, auch Positives so hinzustellen, daß es kein Gewicht hat. Sie schließen eine Arbeit erfolgreich ab, es gelingt Ihnen ein Essen oder

eine Arbeit besonders gut, jemand macht Ihnen Komplimente über Ihr Äußeres; und was machen Sie? Sie haben nichts Besseres zu tun, als sich einzureden, daß dies nur Zufall sei, daß dies nichts Besonderes sei, daß die anderen Ihnen nur Honig um den Mund schmieren oder höflich sein wollen, daß das ganz selbstverständlich sei, daß jeder andere das auch hinbekommen kann, daß Sie sich nicht zu früh freuen sollen, da das dicke Ende sicherlich noch komme, usw. Sie erlauben sich also nicht, Ihren Erfolg zu feiern oder darauf stolz zu sein. Sie spielen den Erfolg und die positive Leistung sofort herunter.

Was Sie gegen die Untertreibung und Leugnung des Positiven tun können

Hier hilft nur eines: Sie müssen sich ganz bewußt darum bemühen, Anerkennenswertes und Positives bei sich zu finden. Ja, ich weiß, das ist für einen Pessimisten verdammt schwer. Es hilft jedoch nichts. Wenn Sie realistischer denken oder in das Lager der Optimisten überwechseln wollen, dann müssen Sie lernen, von sich überzeugt zu sein, dann müssen Sie Ihre Stärken und positiven Seiten kennen und sich nicht scheuen, diese auch kundzutun. Wie Sie das lernen können, darüber sprechen wir in Kapitel 10.

4. *Übertreibung von Fehlern und Irrtümern*
Sie verstehen es meisterhaft, aus einer Fliege einen Elefanten zu machen. Wenn Sie sich bei einem kleinen und harmlosen Fehler ertappen, dann holen Sie sofort eine Lupe, legen den Fehler darunter und betrachten durch die Lupe Ihren Fehler. Und was sehen Sie? Plötzlich ist aus dem kleinen Fehler eine Katastrophe und ein Unglück geworden. Der Fehler erscheint Ihnen nun nicht nur riesengroß, auch bestärkt die scheinbare Größe des Fehlers Sie in dem Glauben, daß dies für Sie schwere negative Folgen haben werde.

Sie werfen bei Tisch ein gefülltes Weinglas um, Sie legen die große Lupe darauf, und was sehen Sie? Sie sehen eine Katastrophe, und angesichts dieses gewaltigen Ausrutschers glauben Sie, Ihr Ansehen sei ein für alle Mal ruiniert und Sie könnten sich nirgends mehr sehen lassen, so als hätten Sie ein Zeichen auf Ihrer Stirn, das jedem sofort

zeigt, was Sie doch für ein ungeschickter Tollpatsch sind.

Was Sie gegen die Übertreibung von Fehlern tun können

Auch hier hilft es Ihnen, wenn Sie sich die Frage stellen: „Stimmt das?" Stimmt es, daß es eine Katastrophe ist oder denke und fühle ich nur, daß es eine ist? Stimmt es, daß dieser Fehler ernsthafte und sehr schwere Folgen haben wird? In aller Regel werden Sie diese Frage mit nein beantworten müssen, wenn Sie zu sich ehrlich sind. Sie könnten sich sagen: „Ich übertreibe. Ich mache es schlimmer, als es ist. Es ist unangenehm und lästig, daß ich diesen Fehler gemacht habe, aber deshalb geht die Welt nicht unter. Ich komme dadurch nicht in Lebensgefahr".

5. *Mit zweierlei Maß messen*

Ist Ihnen schon einmal aufgefallen, daß Sie sich Ihre Fehler sehr viel weniger verzeihen als die anderer Menschen? Ist es nicht so, daß Sie bei anderen eher über einen Fehler großzügig hinwegsehen, während Sie bei sich bei ein und demselben Fehler ein großes Theater machen?

Wenn Sie beispielsweise eine Glatze haben, dann reden Sie sich vielleicht ein, Sie müßten sich schämen, Sie seien kein richtiger oder attraktiver Mann, usw. Fällen Sie dieses Urteil aber auch bei anderen Männern, die eine Glatze haben? Sehr wahrscheinlich nicht. Offensichtlich messen Sie also mit zweierlei Maß. Was Sie anderen durchgehen lassen, bemängeln Sie bei sich. Ist das nicht eine schreiende Ungerechtigkeit! Jetzt sagen Sie bitte nicht, daß die Glatze bei anderen etwas völlig anderes sei, daß denen die Glatze stehe, daß die anderen gar durch ihre Glatze interessant sind, - nur eben Sie nicht. Das ist Unfug! Also ich bin für Gerechtigkeit, und ich hoffe Sie auch, oder? Gleiches Recht für alle. Entweder etwas ist schlecht, dann ist es auch schlecht und zwar unabhängig von der Person. Wenn Sie einen Fehler bei Ihrer Arbeit machen, dann wiegt dieser Fehler genauso schwer, als würde ihn ein Kollege von Ihnen machen. Wie würden Sie denn reagieren, wenn Ihr Chef Sie für einen Fehler zur Sau machen würde und bei Ihrem Kollegen bei ein und demselben Fehler kein Wort verlieren würde? Das fänden Sie bestimmt nicht lustig, oder? Warum also gehen

Sie mit sich so ungerecht um?

Was Sie gegen das Mit-zweierlei-Maß-Messen tun können

Wenn Sie sich für einen Fehler oder eine Schwäche „klein" machen, dann fragen Sie sich, ob andere Menschen diesen Fehler nicht auch haben, *und* ob diese Menschen aufgrund dieses Fehlers auch minderwertig sind. Ist Ihre Antwort nein, dann müssen Sie entscheiden, ob Sie mit dieser Ungerechtigkeit leben möchten oder nicht. Möchten Sie gleiches Recht für alle, dann sagen Sie sich das. Sagen Sie sich: „Wenn ich bei Fehlern anderer nachsichtig bin, dann will ich auch bei meinen Fehlern Nachsicht üben. Ich sehe nicht ein, warum ich strengere Maßstäbe an mich legen sollte als an andere. Ich bin genausoviel wert wie andere und möchte genauso gerecht wie diese behandelt werden."

Kennen Sie von sich auch die eine oder andere Form des pessimistischen Denkens? Wenn Sie ein Pessimist sind, dann bin ich mir sicher, daß Sie sich bei vielen Formen wiedererkannt haben. Bei jeder dieser Formen habe ich Ihnen auch hilfreiche Selbstgespräche aufgeführt. Wenn Sie diese an die Stelle Ihrer pessimistischen Gedanken setzen, werden Sie das Gefühl haben, sich etwas vorzumachen. Lassen Sie sich dadurch nicht beirren, die realistischen Selbstgespräche einzusetzen. Je mehr Sie diese an die Stelle Ihrer negativen Gedanken setzen, umso mehr werden sie Ihnen ganz natürlich vorkommen.

Was möchte ich mir merken?

1. ______________________________

2. ______________________________

3. ______________________________

4. ______________________________

5. ______________________________

- 9 -
Wie Sie lernen können, mehr die Kontrolle über sich und Ihr Leben zu bekommen

Optimisten fühlen sich als Herr ihres Schicksals. Sie glauben, das Ruder ihres Lebens in der Hand zu haben und einen großen Einfluß auf ihr Schicksal zu haben.

Wenn Sie lernen wollen, Herr Ihres Lebens zu sein, dann müssen Sie bei sich selbst beginnen. Sie müssen lernen, über sich selbst und insbesondere Ihre Gefühle mehr Kontrolle zu haben. Wenn Sie in der Lage sind, Herr und nicht mehr Spielball Ihrer Gefühle zu sein, dann werden Sie sich nicht mehr so hilflos oder als Opfer fühlen. Wenn Sie wissen, daß Sie in der Lage sind, darüber zu entscheiden, wie Sie sich fühlen, dann haben Sie bereits einen großen Schritt in Richtung Optimismus getan.

Wie Sie vorgehen können

Suchen Sie sich *einen* Bereich in Ihrem Leben aus, in dem Sie das Gefühl haben, hilflos zu sein. Wählen Sie eine Situation, die Ihnen sehr wichtig ist *und* in die Sie immer wieder kommen.

Matthias, ein Klient von mir, ist Versicherungsmakler. Er vertritt eine Versicherung. Als er zu mir in Therapie kam, war er sehr mutlos und deprimiert. Er tat sich nämlich sehr schwer, mit Absagen umzugehen und war schnell entmutigt, wenn ein Kunde bei ihm keine Versicherung abschließen wollte. Er kam zu mir, weil er lernen wollte, besser mit einem Nein umzugehen bzw. er sich von einem Nein nicht entmutigen lassen, sondern trotzdem auch beim nächsten und übernächsten Kunden optimistisch sein wollte.

Ich forderte Matthias auf, schriftlich ein ABC von einer Situation zu erstellen, in der ihm ein potentieller Kunde eine Absage erteilte.

Schritt 1: Erstellen eines ABC's

A: Situation

Sitze zuhause am Telefon und will den nächsten Kunden anrufen

B: Meine Gedanken

„Bestimmt wird der nächste Kunde mir auch eine Abfuhr erteilen. Ich tauge einfach nicht zu einem guten Verkäufer. Mir gelingt auch gar nichts. Ich werde es nie zu etwas bringen. Ich hasse diese Anruferei."

C: Gefühle und Verhalten

bin mut- und lustlos, fühle mich hilflos, bin deprimiert, habe keine Lust, einen weiteren Kunden anzurufen, und sitze wie gebannt vor dem Telefon.

Was meinen Sie, helfen Matthias seine Selbstgespräche oder schaden ihm diese mehr? Nun, Sie kennen die Antwort. Wenn Matthias so denkt, dann muß er sich mut- und lustlos fühlen. Es ist absolut unmöglich, daß er angesichts solch negativer Gedanken optimistisch und motiviert ist. Wenn er sich anders fühlen möchte, wenn er mit mehr Optimismus an seine Arbeit rangehen möchte, dann muß er seine pessimistischen Selbstgespräche durch eher realistische oder optimistische ersetzen.

Er muß also zunächst einmal überlegen, wie er über sich, seine Arbeit und das Anrufen von Kunden denken will.

Schritt 2: Überprüfung seiner Gedanken mit Hilfe der zwei Regeln für realistisches Denken und Formulierung hilfreicher bzw. realistischer Selbstgespräche

Wenn Sie sich die Gedanken des obigen ABC's anschauen und einen Blick in Kapitel 8 werfen, in denen ich Ihnen die gängigsten Formen des pessimistischen Denkens aufgelistet habe, dann werden Sie fest-

stellen, daß Matthias übertrieben verallgemeinert (Bestimmt wird mir der nächste Kunde auch eine Abfuhr erteilen; Ich werde es nie zu etwas bringen) und er in Alles-oder-Nichts-Kategorien (Ich tauge einfach nicht zu einem guten Verkäufer; Mir gelingt auch gar nichts) denkt. Seine letzte Bemerkung „Ich hasse diese Anruferei" sagt lediglich etwas darüber aus, wie er, infolge seines Frusts, über seine Arbeit denkt. Seine Selbstgespräche entsprechen nicht den Tatsachen, da er nicht wissen kann, ob ihm auch der nächste Kunde eine Abfuhr erteilt, ob er es zu etwas bringen wird oder nicht, ob er zu einem guten Verkäufer taugt oder nicht. Seine Behauptung, ihm gelinge gar nichts, entspricht auch nicht den Tatsachen, da er ja bereits erfolgreich Versicherungen abgeschlossen hat. Und wie fühlt sich Matthias, wenn er so denkt? Er muß sich zwangsläufig mutlos fühlen und deprimiert sein.
Als er dies erkannte, formulierte er einige hilfreiche bzw. realistische Gedanken. Diese sahen so aus:

A: Situation
Sitze zuhause am Telefon und will den nächsten Kunden anrufen.

B: Meine realistischen Gedanken
„Ich kann nicht in die Zukunft schauen und wissen, ob ich beim nächsten Kunden mehr Erfolg habe oder nicht. Ich weiß ganz genau, daß nur ein gewisser Prozentsatz von Kunden eine Versicherung abschließt. Das ist bei mir so und bei meinen Kollegen auch. Wenn der eine oder andere Kunde nicht abschließt, heißt das nicht, daß ich nicht zum Verkäufer tauge. Das heißt nur, daß ich nicht immer erfolgreich sein kann. Ich werde jetzt den nächsten Kunden anrufen. Ich habe in der Vergangenheit gezeigt, daß ich verkaufen kann, also werde ich auch weitere Abschlüsse tätigen, wenn nicht heute, dann morgen."

C: Gefühle und Verhalten
bin hoffnungsvoller und motivierter, verspüre wieder Energie, den nächsten Kunden anzurufen, und rufe ihn an.

Matthias weiß nun also, wie er in einer solchen Situation stattdessen denken kann. Er hat eine gedankliche Alternative zu seinem pessimisti-

schen Gedankenprogramm. Was nun? Er muß sie üben - und zwar solange, bis er automatisch so denkt, wenn ihm ein Kunde eine Abfuhr erteilt.

3. Schritt: Üben der realistischen Selbstgespräche

Ein Weg, wie Matthias seine realistischen Selbstgespräche üben konnte, war, daß er diese so oft an die Stelle seiner pessimistischen Gedanken setzte, wie diese auftauchten. Ein weiterer Weg waren Vorstellungsübungen. Er entspannte sich mit Hilfe der Spontanentspannungstechnik und stellte sich dann im Zustand der Entspannung vor:

1. Ich sitze vor dem Telefon und will den nächsten Kunden anrufen.
2. Ich denke mir:
   „Ich kann nicht in die Zukunft schauen und wissen, ob ich beim nächsten Kunden mehr Erfolg habe oder nicht. Ich weiß ganz genau, daß nur ein gewisser Prozentsatz von Kunden eine Versicherung abschließt. Das ist bei mir so und bei meinen Kollegen auch. Wenn der eine oder andere Kunde nicht abschließt, heißt das nicht, daß ich nicht zum Verkäufer tauge. Das heißt nur, daß ich nicht immer erfolgreich sein kann. Ich werde jetzt den nächsten Kunden anrufen. Ich habe in der Vergangenheit gezeigt, daß ich verkaufen kann, also werde ich auch weitere Abschlüsse tätigen, wenn nicht heute, dann morgen."

Er wiederholte diese Vorstellung mehrmals in einer Sitzung und machte mehrere Sitzungen pro Tag. Je mehr er auf diese Weise übte, umso mehr spürte er, wie seine Abneigung gegenüber dem Anrufen abnahm, und umso weniger fühlte er sich der Situation ausgeliefert. Er nutzte jede Gelegenheit, seine realistischen Gedanken zu trainieren so z.B. in Situationen, wenn er warten mußte: beim Einkaufen an der Kasse, beim Halten an der Ampel, im Aufzug, usw.

Gehen auch Sie so vor. Wählen Sie einen Bereich aus und von diesem eine Situation, in der Sie lernen möchten, Ihre pessimistische Denkweise durch eine eher realistische zu ersetzen. Machen Sie ein

ABC, überprüfen Ihre Gedanken mit Hilfe der zwei Fragen, formulieren realistische Selbstgespräche und üben diese in der Praxis und in der Vorstellung.

Das sollten Sie beachten

Wählen Sie zunächst nur *einen* Bereich und *eine* Situation aus, in der Sie das Gefühl, die Kontrolle über sich und Ihre Gefühle zu haben, erlangen wollen. Erst wenn Sie in dieser einen Situation zufriedenstellende Fortschritte gemacht haben, sollten Sie sich an die nächste machen. Wenn Sie zu viele Situationen auf einmal angehen, werden Sie in keiner richtige Fortschritte machen. Also: Ein´s nach dem anderen. Okay?

In seinem Leben selbst Regie zu führen, heißt, sich von seinen Ängsten nicht lähmen zu lassen

Wenn wir uns als Opfer anderer oder der Umstände fühlen, dann sehr oft deshalb, weil wir uns nicht getrauen, das zu tun, was wir für richtig halten. Wir wissen zwar sehr häufig, was wir tun könnten, haben aber entweder Angst, zu versagen, oder Angst, abgelehnt zu werden. So etwa, wenn wir uns nicht getrauen, ein schlechtes Essen zu reklamieren, oder wenn wir Angst haben, nein zu sagen.

Wenn wir uns aus Angst vor Ablehnung oder Versagen nicht getrauen, das zu tun, was wir für richtig halten, dann begeben wir uns in die Situation des Opfers, das auf das Wohlwollen der anderen angewiesen ist. Deshalb ist es sehr wichtig, daß wir entweder lernen, unsere Angst vor Ablehnung zu überwinden *und/oder* lernen, trotz der Angst das zu tun, was wir für richtig halten.

Wenn wir Angst vor Ablehnung und Versagen haben oder uns nicht getrauen, uns über unsere Ängste hinwegzusetzen, dann deshalb, weil wir uns ängstliche Gedanken machen. Wir befürchten, es werde etwas Schlimmes oder Gefährliches passieren, mit dem wir nicht umgehen könnten. Wir können, gleich um was für Ängste es sich handelt, diese nur überwinden, wenn wir lernen, unsere ängstlichen Gedanken durch eher realistische Gedanken zu ersetzen. Wir müssen also unser Gedan-

kenprogramm ändern. Das geschieht nach dem gleichen Prinzip, wie man pessimistische Gedanken ändert, also Erstellen eines ABCs, Überprüfung der Gedanken mit Hilfe der beiden Regeln für realistisches Denken, Formulierung realistischer Gedanken und Einübung dieser neuen Gedanken in der Praxis und in der Vorstellung. Da es den Umfang und den Charakter dieses Buch sprengen würde, wenn ich ausführlicher auf die Überwindung von Ängsten einginge, gebe ich Ihnen im Anhang einige Hinweise auf Bücher zu diesen Themen.

Weitere Hilfestellungen, um mehr das Gefühl der Kontrolle zu bekommen

1.

Das Gefühl der Hilflosigkeit und Ohnmacht entsteht, wenn Sie *denken*, daß Sie hilflos sind. Ohne die Überzeugung, ohnmächtig zu sein und nichts ausrichten zu können, kann auch nicht das Gefühl der Hilflosigkeit entstehen. Deshalb ist es wichtig, daß Sie aufhören, sich einzureden, Sie seien hilflos, und sich stattdessen sagen, daß Sie sehr viel Kontrolle über sich und Ihr Leben haben. Schreiben Sie sich zu diesem Zweck den folgenden Text auf einen kleinen Zettel, den Sie immer bei sich tragen, und den Sie so oft wie möglich durchlesen:

> „Ich bestimme, wie ich mich fühle und verhalte. Ich habe die Kontrolle über mich und mein Leben. Ich habe keine Kontrolle über andere oder die Umstände, aber ich bestimme, wie ich auf diese reagiere, und wie ich mit ihnen umgehe. Wenn ich mich hilflos fühle, dann deshalb, weil ich fälschlicherweise denke, ich sei hilflos. Die Wahrheit ist jedoch: Ich habe die Fähigkeit, über mich und meine Gefühle zu bestimmen - auch wenn ich diese Fähigkeit nicht immer richtig einsetzen kann, weil mir die Erfahrung und das Training fehlen."

2.

Worte, denen keine Taten folgen, verpuffen sehr leicht und bewirken in der Regel sehr wenig. Deshalb ist es wichtig, daß Sie sich durch Ihr

Verhalten auch tatsächlich davon überzeugen, daß Sie einen Einfluß auf sich, Ihre Situation und Ihr Leben haben. Wie können Sie das machen? Nun sehr einfach. Kommen wir nochmals auf das obige Beispiel zurück, in dem Sie Versicherungsmakler sind. Sie haben sich realistische Gedanken zurechtgelegt, die Ihnen etwas Auftrieb und das Gefühl geben sollen, Herr der Situation zu sein. Nun geht es darum, daß Sie sich entsprechend Ihrer Gedanken verhalten, d.h. zum Telefonhörer greifen und den nächsten und dann den übernächsten Kunden anrufen. Sie müssen also genau das tun, vor dem Sie immer noch (!) Angst haben, und vor dem Sie sich am liebsten drücken würden. Ihr Handeln wird Ihnen zeigen, daß an Ihren realistischen Gedanken etwas dran ist, d.h. Sie *erleben*, daß Sie mehr Kontrolle haben, als Sie zuvor geglaubt haben. Dieses am eigenen Leib zu erleben ist enorm wichtig, da es Sie in der Überzeugung bestärkt, daß Ihre Gedanken realistisch und hilfreich sind.

Was Sie dabei beachten sollten

Es geht nicht darum, daß Sie sich bei dem, was Sie tun, wohlfühlen. Es geht nur darum, daß Sie etwas tun und erleben, daß Sie einen Einfluß auf die Situation haben und nicht wie ein Kaninchen vor der Schlange gelähmt sein müssen. Um es noch einmal ganz deutlich zu sagen: Es geht darum, daß Sie Ihre Passivität aufgeben - auch wenn Sie sich unsicher und ängstlich fühlen - und aktiv werden. Je öfter Sie aktiv das tun, wovor Sie Angst haben, umso sicherer werden Sie sich mit der Zeit fühlen und umso leichter wird es Ihnen fallen.

3.

Es gibt Situationen, auf die man keinen Einfluß und über die man keine Kontrolle hat. Beispiele für solche Situationen sind, wenn Sie sich als Mutter Sorgen um Ihre Kinder machen, daß diesen etwas zustoßen könnte, oder wenn Sie sich Sorgen um den Erhalt Ihres Arbeitsplatzes machen. In diesen Fällen haben Sie keine direkte Kontrolle darüber, ob das Ereignis eintritt oder nicht. Sich Sorgen zu machen ist im Grunde

der fruchtlose Versuch, die Kontrolle über eine Situation zu bekommen. Man denkt, man müsse sich nur genug Sorgen machen, dann werde das, was man befürchtet, nicht eintreten. Das ist natürlich Unsinn. Alles, was man durch seine Sorgen erreicht, ist, daß man ein Nervenbündel wird und sich unter permanente Anspannung und Angst setzt. Wie können Sie mit solchen Situationen umgehen?

Eine Möglichkeit, die vielen meiner Klienten hilft, ist, sich zu fragen: „Was ist das absolut Schlimmste, was passieren kann?" Also z.B. „Ich bin arbeitslos und sitze auf der Straße. Ich muß mit weniger Geld auskommen". Der nächste Schritt besteht darin, daß man sich frägt: „Was kann ich tun, wenn das Schlimmste, das ich befürchte, tatsächlich eintritt? Kann ich damit fertig werden? Kann ich damit umgehen?" Spontan neigen viele Menschen dazu, darauf zu antworten: „Dann wäre alles aus. Das würde ich nicht überleben" oder „Das könnte ich nicht ertragen".

Entsprechen solche Selbstgespräche den Tatsachen? Nein. Es würde einen sehr treffen, man wäre im ersten Moment vielleicht sehr verzweifelt und mutlos, aber man könnte es ertragen. Das sollte man sich dann immer wieder klarmachen. Je mehr man sich vor Augen hält, daß man mit dem, was man befürchtet, umgehen kann, umso weniger hat man Angst und umso mehr kommt man zu der Überzeugung: „Was auch immer auf mich zukommen mag, ich kann etwas tun. Ich bin nicht hilflos".

Müttern, die sich große Sorgen um ihre Kinder machen, empfehle ich u.a. sich folgenden Text täglich durchzulesen:

> „Ich kann meine Kinder nicht auf Schritt und Tritt begleiten. Ich kann nicht verhindern, daß Ihnen etwas zustößt. Ich kann Sie nur immer wieder auf mögliche Gefahren aufmerksam machen und kann hoffen, daß sie meine Worte ernst nehmen und meinen Rat befolgen. Das ist alles, was ich tun kann. Wenn ihnen etwas zustößt, dann habe ich daran keine Schuld. Ich habe deshalb als Mutter/Vater nicht versagt. Ich habe mein Bestes gegeben und das ist alles, was ich tun kann."

Einen solchen Text müssen Sie, wenn er Wirkung haben soll, immer wieder, Tag für Tag, lesen. Sich Sorgen zu machen ist eine hart-

näckige Angelegenheit. Ebenfalls als hilfreich hat sich bei meinen Klienten folgender Ratschlag erwiesen: Begrenzen Sie Ihre Sorgenzeit, d.h. reservieren Sie sich täglich für Ihre Sorgen eine bestimmte Zeit, sagen wir 10Uhr morgens, zu der Sie sich für 15 Minuten intensiv Sorgen machen. Danach sagen Sie sich: „Jetzt hast Du dir genügend Sorgen gemacht. Für heute ist damit Schluß. Morgen kannst du Dir wieder Sorgen machen".

Was möchte ich mir merken?

1. ______________________________

2. ______________________________

3. ______________________________

4. ______________________________

5. ______________________________

- 10 -
Wie Sie lernen können, mehr von sich und Ihren Fähigkeiten überzeugt zu sein

Wir verhalten uns nie entsprechend unserer Fähigkeiten, sondern immer danach, welche Fähigkeiten wir zu glauben haben. Unsere Erfolge und Leistungen sind nie die direkte Folge unserer Fähigkeiten und Talente, sondern immer die Folge unseres Selbstvertrauens. Wenn wir glauben, zu dumm oder zu unbegabt zu sein, dann verhalten wir uns entsprechend dieser Überzeugung, gleichgültig wie fähig wir auch sein mögen. Unsere Einstellungen zu unseren Fähigkeiten entscheiden darüber, was wir uns zutrauen und was wir im Leben erreichen.

Es gibt keine Grenzen außer denen, die wir uns setzen.

Deshalb ist es von entscheidender Bedeutung, daß Sie als Pessimist lernen, von sich und Ihren Fähigkeiten überzeugt zu sein. Wenn es Ihnen wirklich ernst ist, in den Club der Optimisten eintreten zu wollen, dann ist es nun an der Zeit, sich von Ihrer Angewohnheit zu verabschieden, gering von sich und Ihren Fähigkeiten zu denken. Es ist an der Zeit, daß Sie sich davon überzeugen: „Ich bin fähig. Was ich mir vornehme, erreiche ich auch".

Wenn wir an den Grenzen unserer Leistungsfähigkeit angekommen zu sein glauben, dann sind wir in Wahrheit oft nur an unseren geistigen Grenzen angelangt.

Wie Sie lernen können, sich mehr zuzutrauen

Wenn Sie ein eingefleischter Pessimist sind, dann müssen Sie am Punkt Null beginnen, d.h. Ihr Selbstvertrauen ist sehr gering und Sie sind noch meilenweit davon entfernt, sich für einen fähigen Menschen zu halten. Es liegt also ein weiter Weg vor Ihnen. Machen wir uns an die Arbeit.

1.
Werden Sie ein "Ich-kann-Denker"

Wann immer Sie sich dabei ertappen, daß Sie sich angesichts einer Sache, aus welch einleuchtend erscheinenden Gründen auch immer, einreden „Das kann ich nicht", sagen Sie sich sofort:

> „Halt, Moment mal. Ich kann es. Ich probiere es und gebe mir die Chance, meine pessimistische Meinung zu widerlegen. Bevor ich es nicht versucht habe, weiß ich nicht, ob ich es kann oder nicht. Wenn ich es ein Mal nicht konnte, heißt das nicht, daß ich es überhaupt nicht kann. Was zählt ist, daß ich es in Angriff nehme, nicht, wie gut ich es mache. Wenn mir die Sache auf Anhieb nicht gelingt, dann muß ich eben einen weiteren Anlauf nehmen - und wenn nötig, einen dritten oder vierten. Es ist noch kein Meister vom Himmel gefallen. Wenn ich etwas nicht kann, dann kann ich es lernen und kann zumindest besser darin werden."

Geben Sie sich dann einen Ruck und nehmen die Sache in Angriff - auch wenn Sie sich nur halbherzig und voller Zweifel daran machen. Bis Sie das Gefühl haben, fähig zu sein, müssen Sie sich viele, viele Male sagen, daß Sie fähig sind, und sich durch Ihr Verhalten beweisen, daß Sie es tatsächlich sind.

Was Sie beachten sollten

Pessimistische Menschen neigen in großem Maße dazu, sich ihre Vorurteile (Ich bin unfähig) immer wieder zu bestätigen. Sie hal-

ten stets nach Situationen Ausschau, in denen ihre negative Meinung, die sie von sich haben, bestätigt wird. Ja, Pessimisten sträuben sich mit aller Macht dagegen, sich selbst und ihre Fähigkeiten positiver zu sehen, als sie sie sehen. Auf diesem Ohr sind sie taub.

Auch Sie werden so reagieren. Auch Sie werden sich dabei ertappen, daß Sie alles tun, um Ihr Vorurteil von sich zu bestätigen. Seien Sie sich dieser Gefahr bewußt.

Sie müssen sich zuerst überzeugen,
daß Sie die Fähigkeit haben, erfolgreich zu sein.
Dann wird Ihnen diese Überzeugung die Kraft geben,
es zu werden.

2.
Machen Sie sich einiger Ihrer Stärken bewußt

Wenn ich meine Patienten frage, welche positiven Seiten und Stärken sie haben, entsteht in der Regel erst einmal eine lange Pause, und sie werden verlegen. Es fällt ihnen absolut nichts ein, auch wenn ich mehrmals nachhake und darauf bestehe.

Sicherlich geht es Ihnen ähnlich. Auch Sie tun sich wahrscheinlich sehr schwer, positive Seiten von sich zu nennen. Machen Sie mir und sich bitte nicht weis, daß Sie keine Stärken haben. Sie haben wie jeder andere Mensch auch Ihre Stärken und positiven Eigenschaften. Daß Ihnen diese nicht bewußt sind bzw. Sie diese nicht nennen können, liegt einzig und allein daran, daß Sie sie für selbstverständlich oder nicht der Rede wert halten. Sie glauben, nur solche positiven Seiten zu haben, die andere auch haben und die deshalb nicht erwähnenswert sind. Sie meinen, Sie müßten etwas finden, das Sie mit keinem anderen teilen können und das nur Sie besitzen. Richtig?

Das Problem ist Ihr Anspruchsniveau. Sie meinen, eine Eigenschaft,

die manch ein anderer auch besitzt, sei nichts Besonderes. Das ist ein großer Denkfehler. Sie sind zwar einzigartig in dem Sinne, daß es Sie nur ein einziges Mal auf der Welt gibt und je geben wird, aber dennoch teilen Sie mit anderen Menschen gewisse Eigenschaften und Fähigkeiten. Dies ist jedoch kein Grund, von sich zu behaupten, man habe nichts zu bieten, nur weil andere auch die eine oder andere Fähigkeit von einem haben.

Was Sie beachten sollten

Möglicherweise denken Sie „Eigenlob stinkt" oder „Es zeugt von einem schlechten Charakter, von sich überzeugt zu sein". Möglicherweise denken Sie aber auch, daß Sie sich erst dann annehmen können, wenn alles an Ihnen stimmt, wenn Sie sozusagen perfekt sind.
Dazu möchte ich Ihnen folgendes sagen: Streichen Sie solche Gedanken schnellstens aus Ihrem Denken. Sie sind genauso überholt und falsch wie die weitverbreitete Meinung der Menschen vor 500 Jahren, daß die Erde eine Scheibe sei. Sich selbst anzunehmen, auch wenn man nicht perfekt ist, und sich seiner Stärken bewußt zu sein, ist die Voraussetzung für ein erfülltes Leben.

Nehmen Sie sich nun solange Zeit, bis Sie wenigstens 10 Stärken gefunden haben und tragen sie unten ein - auch wenn es Tage dauern sollte. Einmal fertiggestellt, sollten Sie diese Liste ständig ergänzen, wann immer Ihnen etwas einfällt, das Sie ausgelassen haben. Lesen Sie diese Liste täglich durch, ganz bewußt, also nicht einfach nur überfliegen oder runterleiern.

1. ______________________________

2. ______________________________

3. ______________________________

4. ______________________________

5. ______________________________

6. ______________________________

7. ______________________________

8. ______________________________

9. ______________________________

10. ______________________________

3. Sehen Sie sich als einen fähigen und erfolgreichen Menschen

Nichts ist erfolgreicher als Erfolg und nichts beflügelt uns mehr als der Erfolg. Wenn wir uns als erfolgreich ansehen, dann sind wir energiegeladen und voller Tatendrang. Unsere Stimmung ist auf einem absoluten Höhepunkt, und was das wichtigste ist, unser Selbstvertrauen wächst. Eine ähnliche Wirkung können wir erzielen, wenn wir uns vorstellen, wir seien erfolgreich und fähig. Indem wir uns in den buntesten Farben unser Leben so ausmalen, wie wir es gerne führen möchten, heben wir unsere Stimmung, motivieren wir uns, begeistern wir uns und bekommen ein Gefühl dafür, wie es ist, tatsächlich erfolgreich und fähig zu sein.

Was möchten Sie erreichen? Für welche beruflichen Ziele können Sie sich begeistern? Wie möchten Sie gerne sein? Gibt es ein Vorbild? Nehmen Sie sich 5 Minuten Zeit. Stellen Sie sich vor, Sie hätten das erreicht, wonach Sie sich so sehr wünschen wie z.B. vielleicht jene

Beförderung. Stellen Sie sich vor, Ihre Träume seien bereits Wirklichkeit. Wie fühlen Sie sich? Wie verhalten Sie sich? Malen Sie sich die Situation so lebendig in Ihrer Phantasie aus, wie nur möglich.

Spüren Sie die Befriedigung. Spüren Sie, wie energiegeladen Sie sind, wie stark und selbstbewußt Sie sich fühlen, wie groß Ihr Selbstvertrauen ist. Stellen Sie sich vor, wie andere Ihnen gratulieren und Sie beglückwünschen. Sehen Sie, wie andere Ihnen mitteilen, daß Sie erfolgreich sind. Genießen Sie Ihren Erfolg.

Wiederholen Sie diese kleine Übung jeden Tag, insbesondere aber dann, wenn Sie vor einer Aufgabe stehen und an sich und Ihren Fähigkeiten zweifeln bzw. befürchten, dieser Aufgabe nicht gewachsen zu sein. Sollten sich Ihre pessimistischen Gedanken zu Wort melden und Ihnen sagen, daß diese Phantasien Träume bleiben, aber niemals Wirklichkeit werden würden, dann entgegnen Sie diesen: „Vieles, was andere vor mir erreicht haben, kann ich auch erreichen - auch wenn ich davon noch nicht so recht überzeugt bin. Ich bin kein Hellseher und deshalb gehe ich erst einmal davon aus, daß ich fähig bin, das zu erreichen, was ich erreichen möchte."

4. Loben Sie sich für Fortschritte - auch wenn diese noch so klein sind

Wir erreichen Ziel umso leichter und schneller, je mehr wir zwischendurch kleine Verstärker oder Belohnungen erhalten. Diese kleinen Belohnungen geben uns neuen Mut und neue Energie, stärken unser Selbstvertrauen und motivieren uns.

Eine solche Belohnung können die Worte sein: „Das hast du prima gemacht. Du hast den ersten Schritt getan. Du bist deinem Ziel jetzt ein kleines Stückchen näher". Jeder gute Lehrer weiß, daß es einem Schüler umso leichter fällt, ein komplexes Problem zu lösen, je mehr er das Problem in kleine Teilprobleme oder Zwischenziele aufteilt, und je mehr er den Schüler für das Erreichen jedes Teilzieles in Form lobender Worte belohnt.

Das Ziel, sich als fähiger und optimistischer Mensch zu fühlen, liegt für Sie vielleicht in sehr, sehr weiter Ferne. Und wie immer, wenn et-

was in weiter Ferne liegt, braucht man sehr viel Ausdauer, um nicht aufzugeben. Deshalb ist es sehr wichtig, daß Sie sich für Fortschritte, und mögen sie auch noch so klein sein, loben. Sagen Sie sich: „Das hast du gut gemacht". Je mehr und je häufiger Sie sich auf diese Weise auf die Schulter klopfen, umso motivierter sind Sie, Ihr Ziel zu erreichen. Loben Sie sich auch jedes Mal, wenn Ihnen auffällt, daß Sie pessimistisch denken, und Sie sich darum bemühen, Ihre pessimistischen Selbstgespräche durch eher realistische zu ersetzen. Auch das ist ein Fortschritt!

5.
Selbstannahme Text

Lesen Sie den nachfolgenden Text täglich mehrmals und das für die nächsten Wochen und Monate, jawohl Monate.

> „Ich bin fähig und etwas ganz Besonderes. Ich nehme mich so an, wie ich bin - auch wenn ich Fehler und Schwächen habe. Auf der ganzen Welt gibt es niemanden, der so ist wie ich. Es hat niemanden wie mich je zuvor gegeben, und es wird auch nie mehr so jemanden geben! Ich bin einzigartig vom Scheitel bis zur Sohle. In mancher Hinsicht mag ich vielleicht wie andere aussehen, klingen oder handeln, doch ich bin nicht wie sie. Ich bin ich.
> Ich besitze viele positive Qualitäten, Talente, Fertigkeiten und Fähigkeiten. Ich werde sie nutzen, um mehr aus meinem Leben zu machen. Ich habe sogar Talente, von denen ich noch gar nichts weiß. Ich entdecke ständig neue in mir. Ich bin zuversichtlich! Ich bin intelligent. Mein Bewußtsein ist schnell, wachsam, klug und humorvoll."

Beim Lesen dieses Textes werden Sie, wie schon so oft in diesem Buch, das Gefühl haben, Sie sollen sich als jemanden hinstellen, der Sie gar nicht sind, sich etwas sagen, von dem Sie zu „wissen" glauben, daß Sie dieser jemand nicht sind. Sie glauben zu „wissen", daß Sie nichts Besonderes sind, daß Sie nicht intelligent sind, daß Sie keine

besonderen Talente und Fähigkeiten haben, usw. Deshalb sträubt sich alles in Ihnen, so etwas „Falsches" und „Unwahres" zu sagen.

Ihr Zögern und Ihr Sich-dagegen-Wehren ist ganz normal und verständlich. Ihr Widerstand zeigt Ihnen und mir, daß das negative Bild, das Sie von sich haben, sehr tief und fest in Ihnen verankert ist. Wenn man von etwas überzeugt ist - gleichgültig, worum es geht -, dann läßt man sich davon nicht so leicht abbringen. Das geht uns allen so.

Ihr momentanes Selbst-Bild ist nicht Ihr wahres Ich, sondern lediglich das Bild, das andere - Ihre Eltern, Lehrer und Erzieher - an Sie weitergegeben haben. Sie haben dieses Bild so sehr verinnerlicht, daß Sie glauben, es entspräche Ihrem wahren Ich. In Wirklichkeit ist es aber nichts anderes als das subjektive Bild, das sich vor allem zwei Menschen - Ihre Eltern - von Ihnen gemacht haben, und das Sie, aus Mangel an einem anderen Bild, übernommen haben.

Die Wahrheit über Sie und Ihr wahres Ich ist eine andere, mit der Sie sich erst noch anfreunden müssen. Wenn Sie sich die Wahrheit über sich *oft* und *lange genug* „eingeredet" haben, dann glauben Sie an sie und sind überzeugt, sie sei Ihr wahres Ich.

Lesen Sie deshalb den obigen Text lange genug und Sie werden sich eine neue Wahrheit über sich aneignen. Sie werden das alte, negative Bild von sich langsam durch ein neues, positives Bild ersetzen und dieses mit der Zeit für „wahr" halten. Denken Sie immer daran:

Sie fühlen sich wie der,
für den Sie sich halten.

Wenn Sie Ihre Einstellung zu sich ändern,
wird sich auch Ihr Selbstwertgefühl ändern.

Ein Schlußwort, das Hoffnung machen soll

Vielen Dank, liebe Leserin, lieber Leser, daß Sie mir durch dieses Buch gefolgt sind. Ich weiß, daß viele Fragen offen geblieben sind und daß der schwerste Teil erst vor Ihnen liegt. Nun geht es darum, daß Sie das Gelesene auf sich anwenden. Das wird Ihnen nicht immer leicht fallen. Ein manches Mal werden Sie resigniert aufgeben wollen, weil Sie glauben, Ihr Pessimismus sei stärker als Sie.

Ich wünsche Ihnen von ganzem Herzen die Kraft, in diesen Momenten die Hoffnung nicht aufzugeben. Vielleicht helfen Ihnen dabei die Worte von Viktor Frankl, einem Psychotherapeuten, der im 2. Weltkrieg im Konzentrationslager Ausschwitz leben mußte und dieses überlebt hat. Rückblickend sagte er:

> „Wir, die wir im Konzentrationslager lebten, erinnern uns an Menschen, die anderen geholfen haben, die ihr letztes Stück Brot mit anderen teilten. Wenn es auch nicht viele waren, so sind diese wenigen Menschen doch der Beweis dafür, daß man einem Menschen alles nehmen kann, bis auf eines, nämlich die letzte aller menschlichen Freiheiten, die Freiheit, in jeder Situation seine Einstellung zu wählen."

Auch Sie haben diese Fähigkeit, diese Freiheit. Sie haben die Freiheit, zwischen pessimistischem und optimistischem Denken zu wählen. Sie haben die Freiheit, zwischen Hoffnung und Hoffnungslosigkeit zu wählen. Machen Sie von dieser Freiheit Gebrauch, um das Beste aus Ihrem Leben zu machen.

Positive Vorbilder und was wir von ihnen lernen können

„Du mußt nur an Dich glauben, dann bist Du ein Sieger",

sagt Errol Marklein. Seit einem Autounfall im Jahre 1975 ist er quer-

schnittgelähmt und kann sich nur im Rollstuhl fortbewegen. Er gründete eine Rollstuhlfirma, in der er heute sehr erfolgreich Rollstühle für Behinderte konstruiert und produziert. Er hat 1988 auf der Olympiade in Seoul 6 Goldmedaillen gewonnen.

„Die meisten Menschen haben so viele Möglichkeiten und nutzen sie nicht. Ich beute meine Chancen restlos aus",

sagt Rosanna Benzi, eine 41-jährige lebensfrohe Italienerin, die mit 14 Jahren an Kinderlähmung erkrankte und seither in einer "eisernen Lunge" lebt. Sie kann nur ihre Gesichtsmuskeln bewegen. Durch die "eiserne Lunge", ein langer Zylinder, in der sie vom Hals abwärts liegt, wird sie seit 27 Jahren am Leben gehalten. „Manche suchen den Tod, ich wähle das Leben", sagt sie.

„Nur wer sich nicht aufgibt, gewinnt das Leben",

sagt Tore Meinecke, der 1989 nach einem Unfall im Koma lag und halbseitig gelähmt war. Obwohl die Ärzte meinten, er werde nie mehr gehen können und geistig behindert sein, spielt er heute wieder auf Tennisturnieren mit.

Über Menschen wie Tore Meinecke und Rosanna Benzi können Sie immer wieder in Zeitschriften lesen. Auch sie sind der Beweis, daß man einem Menschen alles nehmen kann, bis auf die letzte aller menschlichen Freiheiten, in jeder Situation seine Einstellung zu wählen.

Ich wünsche Ihnen alles Liebe und die Kraft, von dieser Freiheit dann Gebrauch machen zu können, wenn es für Sie wichtig ist, - wenn es um Ihr Leben und Ihre Zufriedenheit geht.

Literatur, die ich Ihnen zur Vertiefung empfehlen kann

Wenn Sie mehr über den Zusammenhang zwischen unserem Denken, Fühlen und Handeln erfahren und lernen möchten, wie Sie das ABC der Gefühle auf viele verschiedenartige Probleme wie Depressionen, Ängste, Eifersucht usw. anwenden können, dann empfehle ich Ihnen das Buch

<Gefühle verstehen, Probleme bewältigen> von Doris Wolf und mir; ersch. in der PAL Verlagsgesellschaft;

Ein Buch, das Ihnen helfen kann, Gefühle der Minderwertigkeit zu überwinden, und in dem Sie erfahren, wie Sie sich selbst mehr annehmen können, ist das von mir geschriebene Buch

<So gewinnen Sie mehr Selbstvertrauen> ; ersch. in der PAL Verlagsgesellschaft.

Wenn Sie erfahren möchten, wie Sie durch gezielte geistige Selbstbeeinflussung (Autosuggestion) mehr Einfluß auf Ihren Körper und die Überwindung von Krankheiten nehmen können, dann empfehle ich

<Autosuggestion und Heilung> von Dr. med. Erich Rauch; ersch. in der PAL Verlagsgesellschaft.

Über den richtigen Umgang mit verschiedenen Ängsten erfahren Sie mehr in dem Buch

<Ängste verstehen und überwinden> von Doris Wolf; ersch. in der PAL Verlagsgesellschaft

Wenn es Ihnen schwerfällt, selbstsicherer aufzutreten, und es Ihnen an Selbstbewußtsein mangelt, dann kann Ihnen mein Buch

<Laß Dir nicht alles gefallen> eine Hilfe sein; ersch. in der PAL Verlagsgesellschaft

Ein sehr gutes Buch, das Ihnen zeigt, wie Sie sich in vielen Alltagssituationen gegen Manipulationsversuche anderer wehren können ist

<Führen Sie in Ihrem Leben selbst Regie> von Wayne Dyer; ersch. in der Modernen Verlagsgesellschaft

Optimismus kann man lernen